BILARDO

NACIDO PARA GANAR

OSVALDO FANJUL

Nacido para ganar / Osvaldo Fanjul - 1.ª edición
LIBROFUTBOL.com, 2022.

186 páginas; 15,2 x 22,9 cm.

ISBN 978-987-8370-57-6

1. Fútbol.
CDD 796.334092

NACIDO PARA GANAR
de Osvaldo Fanjul

ISBN 978-987-8370-57-6

1ª edición: enero 2022

ediciones@librofutbol.com

+54 9 11 2215 1982

librofutbol

Olga Cossettini 1112 - oficina 8F - Ciudad de Buenos Aires - Argentina

A Alicia y Osvaldo, mis viejos que me enseñaron todo lo que soy, y los extraño cada día.
A Romina, mi compañera de ruta, con quien construimos un camino juntos a la par.
A Jorge, mi hermano, y mi sobrina Daniela, que son parte de mi alma y mi corazón.
A Carlitos Fanjul, mi primo, que por él soy periodista.
A los amigos de mi infancia, del colegio, de la profesión y de la vida.
A los que me dieron una oportunidad y me dejaron ser.
Y a Carlos Bilardo, por cada momento compartido.

ÍNDICE

PRÓLOGO 1

Mi primer contacto con Carlos fue en la semifinal de la Copa Libertadores entre River y Argentinos, año 86. Vino al partido y Pumpido me avisó que me iba a estar mirando y, gracias a Dios, al otro día me convocó a la selección. A partir de ahí empecé a conocer a un ser humano extraordinario en todos los aspectos. Era una persona distante, pero que te dejaba enseñanzas a cada segundo, fui aprendiendo muchísimo de él, le tomé un afecto enorme y, con el tiempo, me fui dando cuenta de lo adelantado que estaba y aún hoy mucho más.

En aquel momento mirábamos videos y lo tildaban de loco, hoy el que no lo hace pasa a ser un antiguo; hablábamos de variantes defensivas, de variantes ofensivas, pero, por sobre todas las cosas, me enseñó a querer a la selección argentina. Eso para mí era impresionante, porque siempre soñás con llegar, pero nos inculcó el amor que representaba esa camiseta, más allá de pelear un premio, era el honor y el orgullo de ponerse la celeste y blanca, y representar al país.

El tiempo me fue identificando mucho con él y con su manera de ser, me dio la posibilidad de jugar un mundial y eso no se paga con nada. Después el fútbol, sin saberlo ni programarlo, nos llevó por polos opuestos, porque en mi regreso a la Argentina caí en un club como Gimnasia, que era totalmente contrario a su vida y a su ideología, y en Estudiantes, donde él es ídolo, pero nunca dejé de reconocer lo que él había sido para mí, como lo fueron otros técnicos también, porque hubiera sido muy ingrato de mi parte no reconocer a ese fenómeno de persona y al excelente técnico que claramente me marcó muchísimo en toda mi carrera en el fútbol, como jugador primero y después como entrenador.

El tiempo nos va poniendo metas y las enseñanzas de todos los entrenadores son importantes, pero las de Carlos, en especial, fueron claves para dedicarme a esto; de ellas aprendí casi todo desde lo táctico. Hoy le doy muchísima importancia a todo lo que, hace 30 años, esa persona me enseñó, ya que el fútbol actual, increíblemente y a pesar del paso del tiempo, se juega sobre esa base: con el no abandono de marcas, la persecución de los hombres, un esquema táctico, el manejo de conceptos... Él fue muy importante para todo eso.

Pero no me olvido del lado humano, a medida que pasan los años, quedan las enseñanzas, todo lo vivido, lo magnífico que fue, las concentraciones, los aprendizajes, cada palabra, cada consejo, cada enojo, cada fastidio que se agarraba cuando en los medios declarábamos algo que a él no le gustaba; está bueno que los reconocimientos vayan llegando y, un claro ejemplo de ello, es este libro, que repasa su historia, su lucha y la vigencia de sus ideas.

PEDRO ANTONIO TROGLIO

PRÓLOGO 2

Escribir un libro encierra todo un desafío en sí mismo. Es algo que soñé; venía trabajando en un par de ideas que estaban guardadas, pero el tiempo, el maldito tiempo, siempre estuvo como excusa. Un día Walter Vargas me dijo: "Una página por día y a fin de año tenés un libro de 365 páginas". Me quedó grabado.

Y el sueño se hizo realidad. Cuando recibí el llamado de Libro Fútbol con la propuesta, primero fue una grata sorpresa, un hermoso reconocimiento a tantos años dedicados con respeto y responsabilidad al periodismo, la profesión que amo. Y hablar de Bilardo representó para mí una idea atrapante, pero también con un alto grado de complejidad porque de Carlos parece saberse todo, aunque siempre, a partir de la investigación, nos encontramos con algo nuevo.

Esa fue la idea. Fueron horas y horas de meterme en el archivo y desempolvar tantas cosas que estaban guardadas, diarios, revistas, libros, notas grabadas y ahí me di cuenta de una frase que el propio Carlos me dijo sentado a la mesa del bar de mi programa de tele en La Plata en mayo del 2003: "Te enseñamos y aprendiste".

Me hizo ruido ese elogio y obviamente que me siento un bilardista más en el sentido de encarar todo lo que emprendo con responsabilidad, esfuerzo, sin regalar nada y estando atento a todo. Eso lo aprendí, además de mi familia, de Carlos, quien en cada nota que le hice, en

cada entrenamiento de Estudiantes o la selección que vi me dejó enseñanzas.

En este libro, *Nacido para ganar*, se van a encontrar, más que nada, con todo el recorrido de Bilardo entrenador, el Bilardo que yo conocí y que pude compartir, y donde hay un sinfín de historias que los van a sorprender, anécdotas imperdibles que fui descubriendo en cada charla con protagonistas a los que le agradezco el tiempo que me dieron y la confianza que depositaron en mí al prestarse al diálogo.

El personaje está tratado con absoluto respeto y valoración por su obra, un entrenador que dejó una huella en el fútbol argentino y mundial, donde cada uno de sus pensamientos mantiene, a pesar del tiempo transcurrido, una vigencia asombrosa.

Este libro es el fruto de más de 35 años de profesión. A Bilardo primero lo observé a la distancia con admiración y, desde la primera nota que pude hacerle, ese sentimiento se transformó en algo más grande. Jamás me negó una nota; Carlos es un personaje entrañable, al que siempre vale la pena conocerlo un poco más y redescubrirlo.

Ojalá lo disfruten, como yo disfruté escribirlo.

OSVALDO FANJUL

CAPÍTULO 1

ESTUDIANTES, SU LUGAR EN EL MUNDO

Hablar de Estudiantes es hablar de Bilardo y hablar de Bilardo es hablar de Estudiantes. Desde que sus vidas se cruzaron, se juraron amor eterno, incondicional, ser el uno para el otro, y esas señales se dieron mucho antes de aquel 1965 cuando llegó al club y tuvo que esperar para firmar el contrato porque Mariano Mangano se había ido a ver a la Tercera que Mata. Si bien el Narigón jugó su primer partido en la primera de San Lorenzo por la Copa Suecia ante Atlanta, las casualidades del destino quisieron que su debut en Primera División fuera ante Estudiantes, y nada menos que en el viejo estadio de la calle 1.

Fue el 16 de noviembre de 1958, el Ciclón perdió 2 a 1 y el gol del transitorio empate lo anotó el por aquel entonces delantero, Carlos Salvador Bilardo, con la casaca número 7. Luego de su paso por Deportivo Español, Osvaldo Zubeldía lo pidió para Estudiantes y ahí llegó al Pincha. Debutó el 18 de abril en La Plata en la derrota ante Rosario Central por 2 a 0. Con la roja y blanca jugó 175 partidos y convirtió 11 goles, el primero ante Boca en la Bombonera el 3 de octubre de 1965 en la caída por 2 a 1, el más importante fue contra Platense, en la remontada histórica y victoria por 4 a 3, que le dio el pasaporte a la final del Torneo Metropolitano del 67, que inició una cadena histórica de títulos.

Ganó el Metro, fue subcampeón invicto del campeonato nacional, ganó tres Copas Libertadores, una Interamericana y la Intercontinental frente al Manchester United en Old Trafford, en una consagración que se convirtió en leyenda.

Su última vez como jugador fue el 16 de diciembre de 1970 en cancha de Atlanta en un choque con Vélez por el torneo nacional. Fue empate 1 a 1 y ese día al doctor le pasó algo: "En un córner en contra empecé a hablar solo y decía no vengo más, no vengo más. Poletti me pregunta si me pasaba algo y le contesté: 'No vengo más, se terminó'. Pensó que era una broma, pero yo, aún en el medio del partido, había tomado la decisión. Después el Flaco y Aguirre Suárez se pelearon por mi última camiseta. En el vestuario se lo comuniqué a Osvaldo y a todos los muchachos. Gloria, mi mujer, se enteró por la radio. Y jamás me arrepentí de la decisión que tomé".

Sin querer, o no tanto, ahí empezó a construirse otra historia, la del Bilardo técnico. Zubeldía tomó la decisión de alejarse del club y lo tomó Miguel Ignomiriello, pero el equipo no fue el mismo, perdió la chance de consagrarse por cuarta vez consecutiva campeón de América en un nuevo duelo con Nacional de Montevideo y en el torneo local se había comprometido con la permanencia.

Ignomiriello dejó el banquillo y sus viejos compañeros le pidieron a Bilardo, en tono de súplica, que se hiciera cargo del equipo. Bilardo aceptó el desafío. Faltaban 10 fechas y había tres partidos reprogramados por la disputa de la copa. Trece juegos por delante. La primera vez fue el 22 de agosto de 1971 contra Independiente en Avellaneda. Fue 0 a 0 y sus primeros 11 fueron Oscar Pezzano; Oscar Malbernat, Alberto Aguirre Suárez, Hugo Spadaro y José Medina; Miguel Etchecopar, Carlos Pachamé, Néstor Togneri y Eduardo Flores; Rubén Bedogni y Camilo Aguilar.

Llegaron otros dos empates a cero con San Lorenzo y Banfield, derrota por goleada con Boca en La Plata hasta que se consiguió el primer y ansiado triunfo en un choque con Ferro Carril Oeste por 1 a 0, con gol de Camilo Aguilar.

Los buenos resultados se empezaron a dar, con la victoria ante Los Andes en la penúltima fecha y la goleada a Racing en la última, se consiguió el objetivo de la permanencia. En esa etapa fueron 6 victorias, 5 empates y 2 contrastes. Bilardo decidió irse.

1973, EL SEGUNDO CICLO

En el arranque de la temporada, con el contador Ignacio Ercoli como flamante presidente, se inicia una nueva etapa. En el plantel quedaban algunos viejos compañeros, pero había que meter mano. Aprobó la venta del Tano Pernía a Boca y, como parte de la operación, se aseguró a Ignacio Peña y apostó por el juvenil Rubén Horacio Galletti.

Bilardo siguió buscando lo que le faltaba: un "10" con juego y gol. Fue por Jorge Abraham Amado de Banfield y no se equivocó. El Turco rindió y se quedó dos años. El líbero, una función clave para el doctor, estaba en el plantel: Horacio Rodríguez.

El arrecifeño, un central de buen manejo, contó en una charla muy particular que: "El día que asume me llama y me pregunta: '¿Cuántos goles hiciste vos?' Le respondí ninguno, pero me gustaba irme al ataque. Me dice muy serio: 'A partir de ahora no vas a pasar más la mitad de la cancha. Te voy a enseñar a ser líbero".

Pero continúa diciendo que: "La cosa no terminó ahí, los sábados después de almorzar todos se iban a dormir la siesta menos yo. Bilardo me llevaba a la cancha, me decía todo: 'Dale con la zurda, cerrá para la izquierda'. No

importaba el clima, con sol o con lluvia, y así me tuvo tres meses. Era la época del *catenaccio*, pero logró su objetivo, porque a mí técnica le agregó lo otro, me mejoró y me terminó convirtiendo en un tiempista, a llegar a la pelota siempre antes que el rival. Me quedé todo su ciclo en el club".

El primer partido del segundo ciclo, el más largo como técnico, empezó con triunfo en La Plata por 3 a 2 frente a Newell's. Sus 11 fueron Carlos Leone; Rubén Pagnanini, Horacio Rodríguez, Néstor Togneri y Tato Medina; Jorge Amado, René Manceda y Daniel Romeo; Camilo Aguilar (lo reemplazó Victoriano Dominé), Rubén Bedogni e Ignacio Peña. Fue el 4 de marzo y la victoria llegó con dos goles de Pelusa Bedogni y uno del debutante Peña.

Las campañas no fueron las mejores. Terminó séptimo en el Metro 73 y decimoquinto en el 74. En el Nacional 73 y en el 74 fue cuarto, hasta que llegó el año 75.

EL 75, CERCA DEL PRIMER TÍTULO

Fue el gran año de River que, de la mano de Ángel Amadeo Labruna, volvió a consagrarse campeón después de 18 años y por partida doble. Bilardo renovó parte del plantel. Volvió la Bruja, Juan Ramón Verón de Grecia. Se fue Amado, llegó el Tano Antonio García Ameijenda para usar la 10. Se sumaron Miguel Ángel Reguera, Miguel Ángel Benito, Franco Frassoldati, los uruguayos Nelson Agresta del Cerro y Hugo Cabezas Gonella. Empezaron a tener participación gente de la tercera, como el Tata Brown y, en menor medida, Miguel Ángel Russo, Patricio Hernández y Abel Herrera. Se consolidó como una buena alternativa Héctor Milano, que había llegado en el 74.

Con Milano había una relación muy especial. Hábil y encarador, pero faltador a los entrenamientos. Carlos lo quería mucho y lo tenía muy en cuenta. Cada vez que faltaba, se iba para su casa y lo hacía entrenar en una plaza del barrio.

Reguera llegó de Vélez, pero sabiendo muy bien dónde se metía: "Yo tenía a Osvaldo Zubeldía. Fui amigo de él, se cambiaba al lado mío, los miércoles comíamos siempre juntos. Tuvimos un cruce con River por la copa, perdimos 1 a 0 y el Turco Omar Asad erró un penal. Era la época de los militares en el poder, se metió en el vestuario el general Trimarco y le gritó a Osvaldo, lo tendría que haber pateado Squeo. Lo insulté, pasó de todo; echaron a Zubeldía y yo me tuve que ir. Me hicieron el contacto con Bilardo, Carlos me entusiasmó y fui. Nunca me lo dijeron, pero estoy convencido de que Zubeldía me recomendó. Fueron años muy lindos. Se armó un equipo fantástico, muy moderno, adelantado a lo que iba a venir. Jugamos con tres en el medio y tres arriba. Era clave un 10 zurdo con jugadores rápidos por derecha. Después llegábamos el resto. En el Metro estuvo García Ameijenda, después llegó Carlos López. Con ellos y con Galletti sacamos ventaja".

Para ese equipo del 75, Bilardo venía pensando en darle un salto de calidad. Buscaba jugadores por todos lados. A finales del 74 hace un viaje a Uruguay. El objetivo: un mediocampista central de Liverpool, Nelson Agresta del Cerro, pero había algo más. Un delantero de nombre Hugo Cabezas Gonella mete dos goles con el Narigón en cancha. Estudiantes había vendido a Pedro Verde.

"Era navidad y Bilardo me ofreció jugar en Estudiantes. Me dice que me quiere para jugar en la tercera. Se ponen de acuerdo con Liverpool y el pase se hace a préstamo. Habían comprado a Benito para ser titular. Lo expulsan en un partido con River junto a Perfumo, yo arreglo, vuelvo a Montevideo y regreso a La Plata con mi maleta". Así recordó sus primeros pasos el oriental Cabezas.

Pero la historia continúa: "Al domingo siguiente me hace debutar con Banfield. Fue un sueño cumplido, me fui a un equipo campeón. Me hacen un penal, después me saca y me ovacionan. El miércoles vuelvo a jugar con Huracán y ganamos. Juego mi tercer partido con All Boys, volvemos a ganar y meto mi primer gol sobre la hora. Bilardo me abrazó y me dijo: 'Ahora volvés a la tercera'. En un partido le hago 3 goles a Boca. A la rueda siguiente me tocó jugar mi primer clásico como titular y metí un golazo".

En el Metro el equipo ya tenía fisonomía, pero el gran salto lo dio en el Nacional. Ahí sumó a Daniel Tagliani como stopper y llegó Carlos López para usar la 10 que dejó García Ameijenda, aunque antes hubo un pedido y una prueba. El equipo estaba de gira por Marruecos y Verón le planteó una cosa a Bilardo: "Carlos podría yo ser el 10, creo que puedo andar. Me probó, pero no anduve bien, yo seguí de delantero y vino Carlitos López, un jugadorazo, la rompió".

Horacio Rodríguez y su visión del equipo: "Fue el mejor que jugué, todos sabían lo que tenían que hacer, éramos todos iguales, muy exigente. Pagnanini, que era el 4, pero lo hacía como un volante más, el Tano Frassoldati pasaba al ataque y hacía goles, Tagliani fue de los mejores *stopper*, aunque con la pelota era una bomba. Se nos escapó por muy poco por aquel partido con River en cancha de Vélez que erramos un penal y Fillol se atajó todo".

Tiempo después, el Pato Fillol confesó que tal vez esa noche hizo la mejor atajada de su vida, cuando le sacó una palomita a Verón. El partido fue tapa de *El Gráfico*, que tituló la nota: "A Estudiantes se le cambió la película... River, como villano, se quedó con la muchacha". La nota la firmó Osvaldo Ardizzone que poetizó la atajada de Fillol a Verón.

"Cinco minutos. La fuga de Benito por la izquierda inaugurando el desconcierto desconcertante de Comelles. El centro por el fondo. El cabezazo claro y neto de Verón frente al arquero desamparado. Y la reacción inmediata. El vuelo acrobático. La realidad que se desvanece...".

Y el propio Ardizzone, periodista muy cercano al Estudiantes de Zubeldía describió al equipo del Narigón. "¿Es este el mismo Estudiantes de antes? ¿Aquel de las enconadas calumnias? ¿Aquel de las críticas ásperas? Yo me digo que no. Que, aunque Carlos Bilardo recurra a la misma alquimia, a las mismas antiguas fórmulas, hay otra versión de Estudiantes. Tal vez, usando el lenguaje de los músicos, un arreglo sobre la misma melodía. Pero un arreglo con matices más sinceros, más frescos, quizás más jóvenes. ¿Qué cálculos previos podían predecir la actitud de Estudiantes con un punto de ventaja? Todo el laboratorio en pleno funcionamiento. Trabajando y pensando a pleno. Marca y marca. Espera y espera. La fugaz intención de un contrataque... Estudiantes en el 'repudiado' papel de villano que tanta hostilidad le conquistó. Y fue sorpresa general. Porque desde el arranque Estudiantes es galán de cara limpia...tocando, ganando la pelota, jugando de frente, metiendo desmarques, prevaleciendo en el medio, desconcertando arriba, fusilando al Pato... Estudiantes, sin un gesto de sórdida especulación, sin una actitud de solapada demora; franco, abierto, con el único viejo resabio de aquel *offside* que estos también ya tienen bien metido en los hábitos... Quince minutos. Y era Estudiantes, nada más que Estudiantes y nada más que Fillol".

Cuenta Horacio Rodríguez: "Bilardo era muy exigente, no había privilegios para nadie. Un día en un partido con Colón hago un lateral y nos hacen el gol. En el vestuario me dijo la culpa es tuya, no debiste hacer el lateral, tenías que estar en el medio del área, sos el líbero. Veía todo. Intelectualmente era más que nosotros. Todo lo que me decía pasó. En ese año hacemos una gira por Marruecos, jugamos con el Dynamo de Kiev y les ganamos 1 a 0. En la previa nos tiró toda la información. Jamás entre a una cancha sin saber cómo jugaban los que tenía que marcar. Averiguaba, era un loco, pero humanamente estaba en todo".

El nacional se le terminó escapando por un punto. Juan Ramón Verón fue más allá y aseguró que para él "Bilardo fue más que Zubeldía", una definición fuerte y tal vez polémica con la que el propio Carlos no está de acuerdo. "Dos formas de ser distintas, dos fenómenos, pero para mí Carlos fue más completo que Osvaldo".

Hugo Ernesto Gottardi, que llegó a Estudiantes en 1976, no coincidió con Verón. El goleador de Elortondo los tuvo a los dos como entrenador y sentenció: "Dos fuera de serie, pero el Maestro (Zubeldía) siempre es el maestro. Siempre preparaba las charlas en una cartulina blanca y se la daba siempre al que para Osvaldo había sido el mejor. La firmaba y tengo guardadas como 10".

EL 76, UN AÑO PARA REINVENTARSE

Verón volvió a irse, fue el momento de la transferencia del Tano Galletti, llegan Alfredo Letanú y Hugo Gottardi. Se mantiene Carlos López, Patricio Hernández se gana su lugar con su zurda talentosa. Volvió a jugar la Copa Libertadores y en el Nacional otra vez tuvo un rol protagónico.

Gottardi cuenta cómo se concretó su llegada a Estudiantes: "Yo estaba en Racing con Zubeldía como técnico y estoy seguro que me recomendó, aunque nunca lo supe. Yo era su capitán. Estábamos de pretemporada con el plantel en Mar del Plata y un día, antes de cenar, yo estaba en el *hall* del hotel y se me acerca Cacho Maretto, muy amigo de Carlos, y me dice que Bilardo quiere hablar conmigo. Le digo que combinemos una charla y me responde: 'Ahora está en el estacionamiento de enfrente'. Pido permiso para salir y cruzo. No había nadie, hasta que por ahí veo que sale agachado de atrás de un auto, me causó gracia y me responde: 'No quiero que me vea nadie'. Me tiró la idea, le dije que sí y me asegura que a la noche me compraban. Así fue. Viajo a La Plata para arreglar todo, pero no llegamos a un acuerdo y me volví. Otra vez aparece Bilardo, pero vino a mi casa en Parque Chacabuco. ¿Qué pasó? Le cuento que no llegamos a un acuerdo económico, pero insiste en cuánto quiero ganar. Se va, aunque antes de despedirse me asegura: 'Quedate tranquilo que esta noche arreglás'. Y así fue, firmé con Estudiantes".

Sin embargo, eso no fue todo, pues "la historia empezó complicada. Días de lluvia, con Racing, cuando pasaba eso, no tocábamos el barro, entrenamos en el Bosque. Hubo lío con los premios, estaba en duda la concentración, hubo discusiones hasta las cinco de mañana. Arreglamos y fuimos al Country, estaba todo cerrado y Bilardo rompió una ventana para poder entrar. Dormimos hasta las doce y Racing nos ganó 3 a 0. Bilardo nos dice: "Salgan en hilera y no hagan caso, yo me hago cargo'. La gente nos decía de todo, nos gritaban: '¡Pidan premios ahora!'. El negro Milano fue y le pegó a uno, fue una batalla campal. Lo bueno es que terminamos todos amigos. Después levantamos".

TODAVÍA FALTABA LO MEJOR

Ese segundo ciclo de Bilardo como técnico en Estudiantes terminó el 12 de diciembre después de 4 años. Para el Narigón era el momento de otras experiencias: Deportivo Cali, San Lorenzo hasta un nuevo regreso a Colombia y el trampolín a la selección.

En el país cafetero se cruzó con Alex Gorayeb, hombre nacido en Filipinas y de ascendencia ruso-libanesa.

Para Bilardo fue un hombre clave en el país, donde su gran maestro, Osvaldo Zubeldía, había dejado una huella imborrable. Entre 1977 y 1978 logró dos subcampeonatos colombianos y llevó, por primera vez en su historia, al Deportivo Cali y a un equipo de Colombia a jugar una final de Copa Libertadores.

En la primera fase dejó en el camino a Peñarol, Junior y Danubio, en la etapa de semifinales a Cerro Porteño y Alianza Lima. En el partido de ida de la final en Cali igualó sin goles con Boca y en la revancha en la Bombonera recibió una dura goleada por 4 a 0 ante el equipo argentino.

Entre torneos locales y Libertadores, el ciclo tuvo 138 partidos con un rendimiento del 54,5 por ciento, con 61 triunfos, 43 empates y 34 derrotas. El equipo hizo 219 goles y le marcaron 154.

En 1979 Bilardo regresa a la Argentina para dirigir a San Lorenzo, un club que lo marcó porque fue el primero. Dirigió los torneos Metropolitano y Nacional de ese año. Fueron 32 partidos con 10 victorias, 13 igualdades y 9 caídas. Totalizó un 51 por ciento de rendimiento.

En el 80, otra vez Colombia y con el desafío de dirigir la selección. La experiencia duró poco más de un año, 431 días y no fue buena. Un total de 10 partidos, 6 amistosos y 4 oficiales, con una sola victoria en un amistoso en Asunción ante Paraguay por 2 a 0, 4 empates y 5 derrotas, 10 goles a favor y 16 en contra.

El bautismo fue en Bogotá el 9 de julio de 1980 y una dura caída contra Polonia por 4 a 1. La despedida llegó en la misma ciudad el 13 de septiembre de 1981 en las eliminatorias rumbo a España 82 luego de una igualdad en 1 con Uruguay.

Francisco Maturana me contó, en su breve paso como técnico de Gimnasia, que: “En aquellos años el fútbol colombiano tenía ya grandes jugadores, y cuando Carlos asumió en la selección, no pudimos sentirnos protagonistas porque siempre había que pensar más en el rival que en nosotros. Él decía: 'Tú me marcas a ese, tú a este otro y así nos sentíamos menos que nuestro adversario' ".

Pacho, sin embargo, también reconoció la capacidad de trabajo del doctor: "Bilardo ponía las tapas de *El Gráfico* en la pared para que conociéramos a quién íbamos a enfrentar. Cada uno de nosotros tenía un estante y en él se encontraba toda la información sobre el jugador al que nos tocaba marcar, no se le pasaban detalles".

1981: ELECCIONES Y EL GRAN REGRESO DE BILARDO

El 28 de noviembre de 1981, con nueve mil socios en condiciones de votar, el escribano Raúl Gerardo Correbo encabezó la lista Fuerza Albirroja y se transformó en el nuevo presidente del club. El momento futbolístico no era bueno, el plantel exigía que se le pusiera al día. La nueva comisión puso el plan Bilardo en marcha. El 5 de diciembre, en el vespertino *Gaceta,* el propio técnico reconoció: "El acuerdo es casi total".

La nueva comisión empezó a definir todo y el propio Correbo recordó: "La reunión final la tuvimos una noche en mi estudio de la calle 47. En esa conversación, casi un monólogo de Carlos, se habló del proyecto futbolístico y nos dijo: 'Lo económico lo vemos después'. Estuvimos hasta la una y media de la mañana. Quería definir el tema del preparador físico y tuvimos que llamar a Ricardo Echeverría. No quiso esperar. El Yacaré apareció al rato en un taxi con un abrigo por encima de su pijama. Enseguida arreglamos y ahí ya sabíamos que el regreso de Bilardo estaba asegurado. No había marcha atrás. Así empezamos una etapa que nos llenó de alegría".

A partir de ahí se inició el armado del plantel. "Con la venta de Patricio Hernández al Torino de Italia en 450 000 dólares, una fortuna en ese momento, logramos el dinero para movernos en el mercado", reconoció Nelson Oltolina, vicepresidente y encargado del fútbol en la nueva gestión.

El primer nombre fue el de Alejandro Sabella. Oltolina recordó, junto a Correbo, que se miraban pensando que Bilardo estaba loco. "Nos hizo hablar por teléfono, Alejandro nos confiesa que se quiere volver. Nos piden 500 000 dólares. Era todo nuestro presupuesto, imposible, ofrecimos 100 y no querían saber nada. Carlos nos dice que le saquemos un pasaje para Inglaterra. Vamos a la agencia del Bambi Flores, sin plata, y me consigue uno para el otro día a la tarde. Bilardo viajó, nos pidió que estuviéramos atentos al teléfono. Juntamos unos dólares para que llevara y no sé cómo hizo, pero convenció a los dirigentes del Leeds. La operación se cerró en 110 000 dólares. Giramos la mitad, en una transferencia que hizo Chiche Denegri, otro directivo del club, después vino la guerra de Malvinas y la otra mitad jamás se pagó".

Alejandro Sabella contó su versión: "Carlos llevó diarios sobre la crisis económica en la Argentina, dos mil dólares y me pidió algo prestado, lo pasé a buscar y nos juntamos en Leeds con el *manager*, yo hacía de traductor. Se la lloramos bastante y los convenció. Ese fue mi punto de partida con Estudiantes. Yo no sé si nací en 1954, cuando me pario mi madre, o en 1982, cuando llegué a Estudiantes".

Bilardo ya tenía al jugador principal, al que quería. Los directivos estaban preocupados porque no había nada firmado y temían que otros clubes "quisieran robarle a Sabella", pero el Narigón los tranquilizó: "No teman, todos los documentos los tengo yo y hasta que no firme no se los devuelvo".

Oltolina no conocía de antes a Bilardo y, al pasar a ser el hombre más cercano, supo que su vida ya no iba a tener paz. "Una noche estoy durmiendo, suena el teléfono y era Bilardo: 'Nelson nos vamos en un rato a Uruguay, te espero en Aeroparque, pero tenés que conseguir un fútbol para llevar'. Me digo donde consigo uno a esta hora. Me fui al estadio y empecé a los gritos para que el intendente me escuchara. Nos metimos al vestuario y me llevé uno de los que estaban en mejores condiciones. Llego a Aeroparque, Bilardo me ve con la bolsa y el fútbol, y me dice: 'Sabía que vos podías. Ahora vamos a firmarlo'. No entendía nada. Ahí me dice Bilardo: 'Hablá con ese muchacho que está ahí parado y arreglá para contratarlo'. Yo no lo conocía. Era Lemme. Hablamos un par de cosas y acordamos vernos a la vuelta de Uruguay. En el viaje firmamos la pelota, llegamos y nos esperaban un montón de periodistas. Bilardo les cuenta que traía un fútbol autografiado para regalar y todos empezaron a hablar y decir que buen gesto de Bilardo".

El cabezón Lemme cuenta su parte: "Venía de salir campeón con Tigre en el ascenso y un domingo estoy cortando el pasto en mi casa. Viene Miguel Di Lemme, un hombre del club y me dice: 'Te quiere llevar Bilardo a Estudiantes, te espera mañana a las 7 en Aeroparque'. Yo no lo conocía, no había hablado nunca con él. Llego y estaba con una o dos pelotas, y me dice que arregle con el dirigente (Nelson Oltolina) que lo acompañaba. Hablamos y a los pocos días ya entrenaba en el Country. Me intrigaba porque llevaba las pelotas y le pregunté. La respuesta: 'Fue voy a ver a dos uruguayos, los veo y se las tiro, si me la devuelven de primera y no la agarran con la mano los contrato'. Nunca más me separé de Carlos".

Continua Nelson con la anécdota: "Nos juntamos con los dirigentes de Danubio. Bilardo quería a Luis Malvarez. Mis colegas vienen con el jugador y con otro muchacho. El encuentro fue en un lugar en la playa, me dicen: 'Es Daniel Martínez, un gran lateral izquierdo'. Carlos me mira, me pide el fútbol y me pide que no cierre nada hasta que él no me diera el ok. Se fue hasta la arena con los jugadores y la pelota. Al rato vuelve y me comenta: 'Los dos son buenos, los llevamos'. Nos vinimos con los dos.

A la vuelta cerramos con Lemme y con Delménico, me pide a Landucci, 'nos va a servir, juega en varios lados y está grande, no va a pedir mucho'. También llegamos a un acuerdo".

El 4 de enero comenzó la pretemporada y el Bocha, José Daniel Ponce, rememoró sus primeras sensaciones: "Yo estaba mal, el equipo también. Con Pachamé alternaba, habíamos tenido un año muy flojo. Empezamos la pretemporada y en el test de Cooper le gané por 100 metros a Patricio Hernández, que todavía estaba con nosotros, el profe Echeverría me contó después que Bilardo le había dicho que estuviera atento a algo que iba a hacer. Estábamos en la mitad de la cancha, Bilardo giraba y se para al lado mío y le marca al profe: 'Es este'. Invirtió tiempo en mí. Vamos en el verano a Mar del Plata y en un amistoso con River me hizo sentar a su lado: 'Mirá a Merlo lo que hace, ponete al lado'. Yo le tenía que hablar, torearlo. Al tiempo contó que en el verano Merlo le ganó a Ponce hablando, en el segundo empataron y ahora le ganó. A nuestro equipo le faltaba perseverancia, con Carlos Bilardo nos la empezamos a creer. Vi al Tata Brown convertirse en un líder tremendo. Nos sentimos respaldados".

Ponce recordó otra situación más: "En el 81 ni el equipo ni Guillermo Trama, que era nuestro nueve, le hacían un gol ni al arco iris y con trabajo e insistencia empezó a meterla, fue nuestro goleador, meses con doble turno, pelota parada, táctica y un convencimiento único. Y tuvimos un profe extraordinario, que era el termómetro, venía y nos decía: 'Ojo que hoy Bilardo vino muy loco. No se le escapa detalle de ninguno'. Cuando perdimos en las semifinales del Nacional con Quilmes, vino de doctor Roberto Marelli y nos tranquilizó: "Si seguimos así vamos a ser campeones".

Claudio Gugnali, formado en las juveniles del Pincha, cuatro estrellas, dos como futbolista y dos como parte del cuerpo técnico de Alejandro Sabella, vivió una situación particular en los inicios del ciclo Bilardo: "Yo tenía

22 años y llegaron dos laterales uruguayos, Malvarez y Martínez, y, además, estaban Camino y Herrera, yo era el quinto. No tenía lugar y me sentía mal. Lo sentía como una postergación. Hablamos con el negro Héctor Antonio, técnico de la reserva, y jugué toda la temporada como central, porque tampoco había lugar por las puntas. Sin embargo, tuve mi recompensa. En el último partido en Córdoba voy al banco. Abel (Herrera) no estaba bien, pero va de titular. En un momento, Bilardo le habla al doctor Marelli y le dice mirá como está, no puede jugar. Agarra viene hacia donde estoy yo y me larga 'Pibe entrás'. Nada más. Hago la entrada en calor con el profe y juego el segundo tiempo. No me dijo más nada, estaba todo muy fundamentado, era un manual de responsabilidades. Juego el segundo tiempo, era mi primera vez en el equipo. Hago un buen partido y salimos campeones. Inolvidable".

Gugnali también recuerda que "Bilardo ya se había ido a la selección, pero seguía viniendo y lo apoyaba a Eduardo (Manera). Estábamos en Mar del Plata para jugar la Copa de Oro y delante del grupo me felicitó, y dijo: 'Te postergué y me demostraste toda tu entereza' ".

LA HORA DE LA GLORIA

Otra vez en escena Oltolina: "Bilardo se había quedado con la sangre en el ojo. Quería ganar sí o sí, nunca lo dijo, pero estoy seguro de que tenía a la selección en la cabeza. Después del Nacional me pide por Marcelo Trobbiani. Le digo que tuvo hepatitis y me dice: 'Ya sé, pero es de la buena, no tiene consecuencias'. Hablamos con gente de Boca, con el jugador y con la señora que le manejaba todo. Nos pusimos de acuerdo y fue la frutilla del postre".

Mandrake cuenta aún hoy, sin salir de su asombro, que "una noche, como a las 12, suena el timbre de casa, atiendo y era Bilardo, lo hago pasar y me ofrece ir a Estudiantes, me convenció y enseguida se hizo todo. Yo pensé 'la que le espera a este', pero nada que ver, siempre tuvimos buena onda. Yo en Boca era 5, pero Carlos me ubicó de 8 y con el tiempo fuimos cambiando, éramos tres 10, todos con responsabilidades. En Estudiantes me hice más jugador. A mí me gustaba ese plantel, en el Nacional estuvieron cerca, jugar al lado de Alejandro me entusiasmaba y después con todos, había grandes jugadores. También me hizo jugar casi de 9, yo pensaba que no iba a rendir, a mí me gustaba tener la pelotita. Me fastidiaba repetir tantas veces tiro libres, córner, pero después lo entendí".

Hugo Gottardi se transformó en uno de los pilares del equipo y contó algunos secretos de ese Estudiantes campeón: "Éramos un muy buen equipo y teníamos rivales muy buenos, como Independiente, que tenía unos jugadores tremendos. Eso nos ayudó a ser mejores cada semana, porque no podíamos relajarnos. Se jugaba muy bien, con Sabella, Trobbiani y Ponce. Ellos la rompían, pero cada uno aportaba lo suyo. Muchas de las cosas que hicimos las puso en práctica con la selección después. Teníamos casi siempre la pelota, todos corrían y prácticamente jugamos con línea de tres, porque corríamos el equipo para un lado para que Julián (Camino) suba y suba, era un volante más, hacía toda la banda".

Abel Herrera dijo lo suyo: "Había una gran pelea con un sector del periodismo, una disputa sin sentido porque fue una lucha de dos grandes equipos. Nos tildaban de defensivos y jugábamos con tres 10, Camino era un volante más, teníamos dos puntas goleadores. Se jugó un muy buen fútbol y la diferencia que le sacamos a Independiente estuvo en el convencimiento, jugábamos igual de local y de visitante".

"La base siempre fue la misma, pero por ahí Carlos sorprendía con alguna variante, porque tenía todo estudiado por su tremenda capacidad. Se había formado un grupo de muy buenos compañeros, éramos una familia, todos muy solidarios y todo eso ayudó a construir un grupo muy fuerte", recordó el Titi.

Julián Camino tuvo su bautismo de fuego en ese equipo, fue una pieza clave dentro del esquema. Empezó detrás del uruguayo Lucho Malvárez, pero se terminó quedando con el puesto: "Miraba todo, me vio en reserva y me subió a trabajar con el plantel de primera. Nunca me limitó, me dio libertad y yo aparecía por todos lados. Antes de cada partido me preguntaba siempre ¿Cargaste super o común hoy?".

"La verdad construyó un gran equipo y teníamos rivales muy duros. El flaco Landucci le pegaba bárbaro a la pelota y exploté bien mi potencia para proyectarme. Herrera también iba para adelante, pero yo tenía más fondo. Miguel (Russo) hacía todos los relevos y también en eso colaboraba mucho el cabezón Lemme. Todo estaba trabajado, cada uno sabía lo que tenía que hacer. Y después Ale, Marcelo y el Bocha la tenían siempre. Pensar que nos tildaban de defensivos. Una locura".

Sobre los estilos, el Ruso Ricardo Zielinski aportó lo suyo en la conferencia de presentación como técnico de Estudiantes: "No creo en las etiquetas, detrás de los sistemas hay una gran mentira. El fútbol pasa más por los jugadores que por los sistemas, porque todo se descompone permanentemente. En lo personal el equipo campeón del 82, con el mediocampo de Trobbiani, Sabella y Ponce fue de lo que más me gustó, de lo mejor que vi".

El diario *La Razón* en su edición del 15 de febrero del 82 le dedicó una amplia cobertura de tres páginas de las llamadas "sábana" y tituló: "Un campeón muy bien fundamentado". Como parte del análisis del nuevo monarca del fútbol argentino argumentó: "Supo adosar talento a una excepcional dinámica de conjunto. Este Pincha campeón les ganó a todos en el campo y sepultó el recuerdo de la odiada era Zubeldía. Como entonces,

Bilardo fue el titiritero, pero jugando un fútbol abierto y sazonado por una dinámica excepcional en cada reparto del equipo. No fue el más defensivo pese a jugar con líbero y *stopper*. Estudiantes marcó, pero bien arriba; sus delanteros trabajaron para servir defensores rivales a su zona de medios. Una tarea que se realizó desde la salida adversaria sin retroceder para achicar el rectángulo de juego. Su línea de fondo, salvo muy contadas excepciones, no jugó al órsay. Del medio para arriba, salvo el especialista Gottardi, todos intentaron trabajar sin posiciones fijas. Russo adoptó la inteligencia táctica de su mente para marcar o despegar. Sabella fue el caudillo a favor de su capacidad de manejo, reteniendo o acelerando el balón. Una tarea en la que tuvo auxiliares de lujo en Trobbiani y Ponce, dos volantes con nutrición de delanteros muy bien motivados para trabajar por todo el frente del ataque. El ropero Trama supo olvidar su afán de goleador para trabajar en la gestación de claros; sus piques cortos llevaron marcadores rivales a izquierda o derecha para dejar los huecos para las subidas de los laterales. Estudiantes no jugó con punteros fijos, no los tiene en su plantel, de allí la dinámica general y la dosis de sacrificio que todos mostraron para abrir siempre el campo de acción. Fue el campeón del equilibrio, porque no tuvo una gran estrella. Ganaron jugando el fútbol que podían representar, les inculcaron esquemas de movimiento y no hubo perezosos. Es el fútbol que se debe jugar hoy, aunque lo nieguen si viene del Narigón Bilardo".

El propio Carlos analizó su obra, su Estudiantes campeón que lo catapultó a la selección: "Conseguimos el título en forma legítima. Nadie puede discutir este triunfo que es el fruto de un esfuerzo muy duro. Fueron muchas horas de entrenamiento, muchos partidos de un torneo agotador. Pero este grupo de jugadores me mostró que la confianza que yo había depositado en ellos era válida. En lo futbolístico, Estudiantes demostró ser un equipo moderno y serio. Supo defender y atacar con inteligencia y jugó casi siempre igual sin importar si se lo hacía de local o visitante".

El Narigón también habló del equipo sin su conducción y aseguró que "los que ganaron el campeonato fueron los jugadores y Estudiantes lo seguirá conservando, por lo que puede estar tranquilo, porque este plantel tiene excelentes jugadores y puede dar mucho más". Una vez más, el tiempo lo dio la razón.

Mandrake Trobbiani reconoció que "Bilardo me mejoró en lo táctico. Jamás me cortó la libertad. Eso sí, siempre estaba con un grabador chiquito y decía, para después mostrarnos: 'Ahí viene el contragolpe de Sabella, ahí viene el de Trobbiani'. Era porque no largábamos la pelota. En ese club aprendí lo que es la mística, siempre querés volver".

Guillermo Trama fue el goleador del campeón, un abanderado de la lucha y del esfuerzo y de pensar que el equipo es el otro. El nacido en Nicanor Otamendi recordó aquella época de Bilardo: "El Nacional del 82 que Quilmes nos eliminó en semifinales nos sirvió de mucho para después ser campeones. Cuando empezamos el año la idea era ir armando el equipo para no tener que sufrir con el descenso. Pero nos dimos cuenta de todo lo que podíamos y si ajustábamos algunos detalles todo iba a funcionar mucho mejor. Y pudimos demostrar que Estudiantes era un muy buen equipo. Después volvimos a salir campeones, ya con Eduardo Manera, y anduvimos bien en la copa, que si no nos hubieran desarmado el equipo, en el 3 a 3 con Gremio creo que pudimos haberla ganado. Al fútbol argentino le quedó muy claro que aquella vuelta olímpica que dimos en Córdoba no fue casualidad".

CON VÉLEZ, UN PARTIDO MUY ESPECIAL

Bilardo y el Toto, Juan Carlos Lorenzo, un choque muy particular, dos pesos pesados frente a frente. Partido definitorio. La vieja cancha de tablones de la Avenida 1 explotaba. El Torneo Soberanía del 82 se había metido en el año nuevo. Noche del 29 de enero. El Pincha defendía la punta con Delménico; Camino, Brown, Landucci y Herrera; Russo, Ponce, Trobbiani y Sabella; Gottardi y Trama. Vélez con Pumpido; Segovia, Cuciuffo, Jorge y Bujedo; Ischia, Larraquy, Cabrera y Alonso; Jorge Comas y Lucero.

Era la revancha de un gran triunfo bajo la lluvia de Estudiantes en la primera rueda en el Amalfitani por 2 a 1, con dos golazos de Trama y Trobbiani. Marcelo recordó: "Lo eligieron el mejor gol del campeonato. Lo veo seguido por internet y me vuelvo a emocionar. Fue un golazo. La empieza Lemme, me la da, se la devuelvo de taco, la pisa, pasa Herrera, se la toco a Trama, me la da de taco, me meto entre los centrales, eludo a Pumpido y la toco. Termino de rodillas mirando el cielo". Fue el partido principal de la fecha y Enrique Macaya Márquez lo definió como "una lección de fútbol".

Lemme recuerda ese momento: "Fue un golazo, una buena síntesis de lo que jugaba ese equipo, hicimos más de 12 toques con Herrera, un jugadorazo, Trama y Marcelo. Estudiantes fue lo máximo, un equipazo y como club, a pesar que estuve solo un año, me marcó para siempre, una familia impresionante".

Pero volviendo a aquella calurosa noche de enero, Estudiantes no podía con Vélez y se van 0 a 0 al término del primer tiempo. Los muchachos de Bilardo regresaron al campo, el árbitro Claudio Busca también y Vélez nada. Los de Lorenzo esgrimían que les habían tirado pirotecnia en el vestuario, se mostraron aturdidos y se negaron a completar el partido. Todo quedó en manos del Tribunal de Disciplina, pasaban los días y las presiones aumentaban. Correbo y Oltolina vivían en la AFA, pretendían, y se lo reclamaron a Julio Grondona, dirimir todo en el campo de juego. Y así sucedió.

El 11 de febrero fue la fecha para la continuidad. El plantel de Estudiantes se quedó siempre concentrado. Gottardi contó cómo fue la espera: "Vivimos en City Bell y entrenábamos en el Country o en la cancha. Era fútbol a *full* 45 minutos, como iba a ser el partido. La pelota la buscamos nosotros, se la damos en la mano a los rivales. Nada de perder tiempo, cada minuto era oro. Así estuvimos 10 días".

El goleador de Elortondo también comentó que: "Estábamos muy tensionados el día previo. Bilardo lo notó y antes de la cena viene el profe y nos dice: 'Tienen permiso para salir'. Eran las 9 de la noche y el permiso era hasta las 12. Nos fuimos a un pub a jugar al billar y nos tomamos una cerveza. Así nos sacó la tensión".

Trobbiani también contó lo suyo: "Fue durísimo. Al Toto Lorenzo, cuando llegó al banco, le tiraron flores de arriba de la techada. Fue muy gracioso. El partido tremendo, atacamos todo el tiempo y no podíamos hacer el gol. Llegó al final y de pelota parada. El córner del Bocha Ponce y el cabezazo del Tata. Fue un desahogo. La cancha una locura. Estábamos convencidos más que nunca de que no se nos podía escapar". Víctor Hugo Morales, gran defensor de ese Estudiantes, remató su relató con: "Ahora sí explotó un petardo y ese petardo sí lo ha tirado el equipo de Bilardo".

Macaya Márquez vio, en muchos partidos en cancha, a ese equipo como la cara principal de "fútbol de primera" y analizó: "Ese equipo de Bilardo era capaz de hacer marcas hombre a hombre, de jugar al *offside,* si era necesario, y eso marca que, a pesar de haber reunido en un mismo equipo a grandes jugadores, no era únicamente una formación que dependía de la inspiración propia de cada

uno, estaba muy bien trabajado. Buscaba sacar ventaja de todos los defectos que podía tener el contrario, porque lo estudiaba en todos los detalles".

2003, EL LLAMADO DEL CORAZÓN

Todo empezó en la noche del domingo del 2003. Estudiantes, en su casa, perdió 4 a 2 el clásico ante Gimnasia. Cacho Malbernat renunció al cargo de entrenador. El equipo plagado de jóvenes estaba cada vez más comprometido con la tabla de promedios. No había margen de error. La dirigencia, encabezada por Julio Alegre, debía dar un golpe de timón. Una equivocación podía pagarse con el descenso.

Enseguida surgió el nombre y se dijo: "Hay que convencer a Carlos, es el único que nos puede salvar". Comenzó el operativo seducción. Y ahí apareció una vez más la familia. Juan Ramón Verón, el Bocha Flores, el Flaco Poletti y el propio Malbernat fueron a buscarlo. "Te necesitamos, Estudiantes te necesita", fueron las frases que se escucharon en un hotel porteño. Bilardo se conmovió. No lo esperaba, dirigir no estaba en sus planes, pero era el llamado del corazón y a los pocos días llegó el sí tan esperado.

La Plata fue una revolución, los viejos hinchas no lo podían creer, se les vino la historia encima. Bilardo otra vez en Estudiantes. Las nuevas generaciones, que tanto escucharon su nombre, empezaron a entender de qué se trataba. El día de la presentación, el Country de City Bell fue una fiesta. Había llegado el salvador.

El primer partido fue el 4 de mayo del 2003 por la fecha 11 del Torneo Clausura. El rival fue Talleres y hubo que jugar de local en la cancha de Gimnasia porque Estudiantes tenía la cancha suspendida. El Bosque explotó con los colores equivocados, récord de periodistas para cubrir su regreso. Con dos goles del Tecla Farias fue victoria 2 a 1. Cuando le preguntaron ¿Por qué? No lo dudó: "Por la gente".

Después llegaron 5 empates consecutivos y 3 victorias en serie para terminar el campeonato. El inicio del Apertura no fue bueno, cayó con Independiente, se repuso con River y le ganó 3 a 0. Se sucedieron empates y una derrota ante San Lorenzo en la previa del clásico. Estudiantes le ganó 1 a 0 a Gimnasia con gol del Principito Sosa, y Bilardo dice basta. Le dejó el cargo a Carlos Pachamé, él iba y venía, y para el inicio del Clausura decidió volver. Dirigió las 19 fechas, el equipo se consolidó en primera y ahí llegó el punto final.

Uno de sus jugadores fetiches fue Marcos Angeleri y el hoy dirigente de Estudiantes recordó aquellos tiempos: "No veníamos nada bien y su llegada tuvo un significado doble, era un momento muy complicado y él no era un nombre más. Era Bilardo, y todo lo que representaba en la historia del club. Generamos una hermosa relación en lo personal y con todo el grupo. Se hizo un vínculo muy fuerte, hubo mucho *feeling*, fue un segundo padre para todos los chicos. Nos dejó enseñanzas para toda la vida, nos hizo mejores profesionales. Aprendimos conceptos de juego, a estar más atentos, a entender como había que jugar en primera. Una práctica era un partido. Los entrenamientos eran todos especiales. En lo personal me sirvió muchísimo".

Marcos siguió con los recuerdos y elogios para el Narigón: "A todos nos protegió. Tal vez con el Pampa Gelabert y conmigo fue a los que más indicaciones nos daba. Nos apoyó mucho. Al principio nos resultó un poco chocante el tema de las concentraciones largas, los miércoles a los más chicos nos metía adentro, aunque nos llevaba de paseo. Padecimos un poco, pero hoy somos muy agradecidos porque aprendimos. No se le escapaba nada. Se

preocupaba por el lugar donde vivíamos, por lo que comíamos. El Tata Brown estaba encima todo el tiempo por orden de Carlos. A mí, sin duda, y creo que a todos nos hizo mejores profesionales".

Angeleri, al hablar de Bilardo, no solo se enfocó en esa etapa en Estudiantes, sino que fue más allá: "Todo lo que viví y aprendí de Carlos fueron cosas que me sirvieron en toda mi carrera. Una manera de vivir especial, y aún con particularidades, pero sentí y siento el fútbol igual a él. Te abre la cabeza. Ve cosas que no las ve nadie".

CAPÍTULO 2

LA SELECCIÓN, SU SUEÑO, SU LUCHA

Estudiantes, de la mano de Bilardo y un gran equipo, volvieron a la ruta de los triunfos, con una campaña que hizo historia, que dejó una huella en el club y en el fútbol argentino, pero al mismo tiempo todos intuyeron que ese título los dejaba sin entrenador. Julio Grondona seguía con una lupa al Narigón, era su obsesión para ocupar el cargo que había dejado César Luis Menotti. Toda una apuesta de riesgo.

Para Nelson Oltolina, el retorno de Bilardo a Estudiantes estaba pensado por Carlos como el paso previo al seleccionado. En ese "vengo a ganar" se escondía el gran objetivo de Carlos y nada mejor que intentarlo con Estudiantes, donde era amo y señor.

El escribano Correbo también rememoró el mismo sentimiento: "Cuando nos acercábamos al final del Metropolitano del 82, los dirigentes que concurríamos a la AFA íbamos percibiendo que el nombre de Bilardo se multiplicaba para candidato a técnico de la selección. Entre los miembros del comité ejecutivo, a muchos de los cuales Estudiantes, futbolísticamente, no les resultaba muy simpático porque durante mucho tiempo les había resultado una piedra en el zapato. Y eso nos producía una sensación de orgullo y tristeza".

Grondona le pidió permiso a Oltolina para visitar el Country, en realidad, quería observar personalmente los movimientos de Bilardo. Eso sucedió un sábado a la mañana, cuando Correbo y el propio Nelson se hacían presentes en el lugar para charlar con el Narigón que se quedaba en City Bell esperando a los jugadores que se concentraban por la tarde.

"Estábamos charlando con Julio —recordó Correbo— y en un momento aparece Carlos con una bolsita de *nylon* con dos costillitas adentro, charla diez minutos y se va. Dijo: 'Me voy a preparar un asadito mientras llegan los muchachos'".

Grondona observó en silencio y no comentó nada hasta que dijo: 'Me voy, tengo que volver al campo donde solía pasar los fines de semana'. Cuando Raúl y Nelson lo acompañaron hasta el auto, recibieron un comentario que fue toda una decisión: "Es distinto. Es lo único que me faltaba para tomar la decisión. Otros técnicos de este nivel hasta mozo tienen para que los atiendan".

"A nosotros no nos gustaba nada la idea de perder a Carlos, pero también sabíamos que era imposible retenerlo. Nos pidió una reunión antes del partido donde festejamos el campeonato con Temperley. Nos juntamos con Raúl y con él en una oficina del primer piso de la sede y nos comunicó la decisión, no había forma de convencerlo, sigan este camino con Eduardo Manera y todo va a salir bien. Yo tengo que cumplir un sueño", palabras de Oltolina.

El propio Bilardo lo confirmó después de los festejos en el viejo estadio Jorge Luis Hirschi ante Temperley. Sentado en un banco del vestuario enclavado debajo de la tribuna de calle 55, vestido con una chomba azul, pantalón gris y zapatos negros, y con los ojos llorosos el Narigón, ante las cámaras del noticiero de Canal 13, comunicó la decisión: "La gente de Estudiantes ya lo sabe. Me reuní con el señor Julio Grondona y llegamos a un acuerdo. En las próximas horas firmaré el contrato con la AFA para dirigir a la selección".

La firma se produjo a las 19.35 del 24 de febrero de 1983. Ahí empezó otra historia, otra lucha.

Nelson Oltolina se había ganado la confianza de Grondona y de Bilardo, y quedó ligado a la selección. Uno de los recuerdos de Nelson no tiene desperdicio: "En uno de los viajes viene Carlos con una pila de cuadernos y los reparte. Nos dio tareas a cada uno y había que anotar todo. Cada vez que salíamos teníamos que tener los datos de los sanatorios y clínicas cercanas a los estadios donde jugábamos, debíamos averiguar el nombre del responsable de traumatología, quién estaba de guardia y conocer los accesos al lugar. Todo por si se lesionaba algún jugador. No se podía perder tiempo. No se le escapaban detalles".

El 18 de marzo de 1983, a las 20.24, en la AFA, Bilardo dio a conocer su primera lista. Fueron convocados 18 futbolistas: Ubaldo Fillol y Nery Pumpido como arqueros; Julián Camino, Oscar Garré, Oscar Ruggeri, Enzo Trossero, José Luis Brown y Julio Olarticoechea defensores; Ricardo Giusti, Carlos Arregui, Norberto Alonso, Alejandro Sabella, Jorge Burruchaga y Claudio Marangoni mediocampistas; Ricardo Gareca, Carlos Morete, Pedro Magallanes y Gabriel Calderón delanteros. Los arqueros, el Vasco Olarticoechea, Trossero y Calderón eran los únicos sobrevivientes del Mundial de España. Para otros, como los casos de Camino, Arregui, Garré, Giusti, Brown, Sabella y Magallanes era la primera vez.

Ricardo Gareca recuerda: "Era el arranque, el fútbol argentino venía de una época importante con Menotti, aunque en el 82 y en el primer mundial de Diego no se cumplieron las expectativas. Se pasaba a lo opuesto, dos estilos diferentes y en la prensa se generó una gran polémica. En esa primera vez con Bilardo nos encontramos con un hombre con mucho diálogo con los jugadores. Enseguida se vino el debut en Santiago con Chile. Había mucha expectativa entre nosotros y en el periodismo. No fue difícil entender a Bilardo, para nada. Fue un empate 2 a 2. Un gol lo hizo el Beto Alonso y el otro tuve la suerte de convertirlo yo. La verdad que fue un buen debut".

Luego llegó un triunfo ante Chile por 1 a 0 con gol de Carlos Morete, empate y derrota con Paraguay, igualdad ante Ecuador en dos goles y el primer gran examen: con Brasil por la Copa América de 1983.

El tandilense Daniel Romeo fue compañero de Bilardo, fue jugador y, en especial, amigo y ladero incondicional: "Para él la selección estaba por encima de todo. Se la merecía. Colaboré con él siempre, iba a ver los rivales, con dinero de mi bolsillo, me anotaba todo, hasta los más mínimos detalles individuales y colectivos. Me preparaba una planilla, que no era necesaria, porque ya lo conocía. No se le escapaba nada. En los hoteles había que controlar que las piezas estuvieran lejos de los ascensores, que no hubiera iglesias cerca. Después de ganar el Mundial me sumó al grupo de trabajo y ya fui pago por la AFA. Sabía todo de todos".

FINAL DE UNA RACHA NEGRA Y PRIMER GRAN TRIUNFO

Argentina no podía vencer a Brasil desde el 4 de marzo de 1970.Trece años y algunos meses después, más precisamente el 24 de agosto de 1983, la selección de Bilardo recibía en el Monumental a la verdeamarela de Carlos Alberto Parreira. Argentina se impone por 1 a 0.

Bilardo puso en cancha a Fillol; Camino (debut con la celeste y blanca), Mouzo, Trossero y Garré; Russo, Ponce, Sabella y Márcico (otro debut); Burruchaga y Gareca.

Marangoni reemplazó a Russo y Víctor Rogelio Ramos al Beto Márcico.

El gol lo hizo el Tigre Gareca. "Fue muy importante, hacía mucho que no se les ganaba a los brasileños. Vivimos ese momento con mucha intensidad. Para el grupo que era nuevo y para Bilardo representó mucho. Fue bueno, algo que nos marcó", rememoró el hoy entrenador de Perú.

Camino recordó de ese partido: "Fue mi debut en la selección, cumplía un sueño más, defender la camiseta de tu país es algo muy especial. Yo era de irme mucho arriba, estuve un poco nervioso en la previa, pero se me pasó. Ponerme fue una muestra de confianza de Carlos. Para ellos jugaba Junior de 3, que era una máquina de ir al frente y yo también iba. Tuvimos lindos cruces".

En el ciclo de Menotti no se le pudo ganar al gran clásico sudamericano y la etapa se iniciaba de la mejor manera. La era Bilardo tuvo 6 cruces con Brasil, una sola derrota, tres empates y dos triunfos. El otro, el recordado del Mundial 90, con la inolvidable apilada de Diego y la definición de Caniggia ante la salida de Taffarel.

UNA GIRA MUY ESPECIAL

Las críticas iban en aumento. El año 1984 comenzó en Calcuta con la disputa de la Copa Nehrú, siguió con un empate sin goles ante Brasil, derrota por la mínima e igualdad en cero ante Uruguay, y el inicio de una gira "particular". Todo empezó con una caída por 1 a 0 ante Colombia en Bogotá antes de pisar suelo europeo.

"En Colombia todo anduvo muy mal, las críticas eran muchísimas, la prensa marcó sus gustos y lo hacía cada vez más. El panorama era muy difícil", recordó Gareca.

Nelson Oltolina contó que "ese primer momento en Colombia fue complicado. El equipo no rindió. Carlos hizo un primer análisis de los jugadores que estaban para seguir y quienes no. Fue un viaje clave. La lucha con la prensa, en especial con *Clarín* y *El Gráfico*, estaba en su peor momento".

Otra vez Gareca aportó su opinión: "Yo estaba en la habitación con Burruchaga post-Colombia y Bilardo vino a charlar con nosotros. Estaba al tanto de la crítica y pensaba que había gente que lo quería sacar. Estaba bastante nervioso, inquieto, hablamos mucho de lo que pasaba y terminó muy bien".

El Tigre también marcó que "Bilardo siempre estuvo muy respaldado por Julio Grondona, tenían una muy buena relación, se hizo hincapié en el grupo y que debíamos ser fuertes". La selección llegó a Europa y metió tres triunfos en serie —un 2 a 0 a Suiza en Berna, 2 a 0 a Bélgica en Bruselas y el 3 a 1 ante Alemania— que representaron mucho más que victorias. Para Gareca fue algo muy valioso: "Ganamos los tres partidos con muy buenas actuaciones y empezamos a usar la línea de tres, con muchos mediocampistas de muy buen pie y yo solo de punta, pero con mucho acompañamiento".

Olarticoechea reflexionó: "Lo tildaban de defensivo, a Carlos, y era una opinión muy injusta y alejada de la realidad. El Estudiantes del 82 que dirigió era un equipo de mucha categoría, conformado con muy buenos jugadores y en la selección hizo lo mismo. Jamás me pidió que no pasara la mitad de la cancha, había que ser inteligentes, pero nunca ni a mí ni a nadie nos cortó las alas".

De aquel partido con Alemania, Julián Camino aportó lo suyo: "Fue algo inolvidable. Era el debut de Beckenbauer como técnico de ellos, y cuando estábamos para salir a la cancha no le podíamos sacar la mirada. A mí me tocó entrar en el segundo tiempo. Jugamos un partidazo".

Marcelo Trobbiani aportó sobre aquellos días que: "Nos mataban, todo se daba en contra, pero jugamos tres partidos brillantes. Con Alemania fue excepcional y pusimos en práctica lo que después hicimos en el Mundial. Esa gira marcó algo importante en el grupo, Bilardo se hizo fuerte, Grondona lo bancó y Carlos tenía cada vez más convicciones, lo teníamos que defender en la cancha. Por todo eso triunfó".

En ese encuentro en Dusseldorf, Argentina formó con Pumpido; Brown, Trossero y Garré; Giusti, Trobbiani, Russo, Ponce, Bochini; Burruchaga y Gareca. Entraron Camino por Brown y Jorge Rinaldi por Trobbiani.

Bilardo vivió días complejos. Después de Colombia, alguna vez reconoció en una de las tantas charlas que si en la gira europea le iba mal "le pegaban una patada" y agregó que: "No fue una victoria más, me permitió demostrar que no estaba equivocado". Los alemanes llevaban doce años sin perder como locales.

Pospartido, ambos técnicos compartieron la conferencia de prensa e intercambiaron elogios. El Narigón respaldó la designación del Kaiser al frente del seleccionado germano y Beckenbauer puntualizó: "La grabación de este partido hay que pasarla en todas las escuelas para enseñar cómo se juega al fútbol"; y se atrevió en candidatear a la Argentina, aún sin la presencia de Maradona, para ganar el Mundial en tierras aztecas. No se equivocó.

AUSENCIAS DE SUS SOLDADOS

En el momento de dar la lista definitiva para viajar a México hubo ausencias que llamaron la atención: Mi-

guel Russo, Julián Camino, Alejandro Sabella, José Daniel Ponce, Ricardo Gareca, Enzo Trossero. Hombres del Narigón de sus épocas en el Pincha y otros que fueron claves en los primeros años de la selección.

El 17 de abril, la AFA entregó la lista definitiva: Almirón, Batista, Bochini, Borghi, Brown, Burruchaga, Clausen, Cuciuffo, Enrique, Garré, Giusti, Islas, Maradona, Olarticoechea, Passarella, Pasculli, Pumpido, Ruggeri, Tapia, Trobbiani, Valdano y Zelada.

Nadie salió a hablar mal del Narigón, aunque tal vez se quedaron con alguna espina clavada. Miguel Ángel Russo, que parecía número puesto, se quedó sin Mundial: "'El día que seas entrenador me vas a entender, mientras tanto me vas a insultar por todos lados', me dijo, y tenía razón, cuando fui entrenador lo entendí. El entrenador debe tomar decisiones, de ahí viene la frase que siempre digo, son decisiones. La charla fue en el Centro de Empleados de comercio en Ezeiza. Bilardo, Madero (siempre un testigo) y yo. Vivimos tomando decisiones y estás solo. Me tocó estar en Colombia y la esencia de ellos es Zubeldía y Bilardo. No pararon de hablarme de ellos, de Manera, de Juan Verón. Se notaba que anotaron y guardaron todo porque hoy, a 50 años atrás, los recuerdan y te explotan la cabeza".

El Bocha Ponce, otro que parecía firme para la lista de 22, contó que: "Nunca lo hablé con él, no pudimos tomar un café, pero yo estoy convencido de que al Mundial no fui porque Grondona no quiso. Hubo un conflicto, yo defendía mi plata y no me callaba. Me quedé con las ganas".

Ricardo Gareca, el hombre del gol de la clasificación con Perú, también se quedó afuera: "Justo se dio el tema de mi pase de Boca a River, que generó opiniones en contra. Luego me fui al América de Cali y no tuve más contacto con él. Ese de Perú fue mi último partido. Nos encontramos en la previa del Mundial. Hablamos en su casa, sabía todo. A mí me habían operado de meniscos en Colombia, donde salí campeón. Lo noté ansioso, conmigo siempre tuvo buen diálogo, pero me quedó la sensación de que no iba a México y después de la lista no hablé más", recordó el Tigre.

Gareca también reflexionó que: "Viví la época más difícil, me sentí parte y no guardé ningún rencor, y después con el tiempo, cuando me convertí en director técnico, lo entendí más. Hay que tomar decisiones, no es fácil. Volvimos a hablar después de mucho tiempo, antes del Mundial de Rusia, yo como técnico de Perú. Me interesaba escucharlo para compartir sus experiencias".

Alejandro Sabella parecía número puesto en aquel momento, pero en su posición en la lista estuvieron Diego (obviamente un intocable), Bochini y Tapia. Pocas veces se quiso referir al tema, incluso con el paso del tiempo y él ya convertido en entrenador. Invitado una noche, junto a Tapia, al programa *Todos los goles* de Canal 9, Dante Zavatarelli lo interrogó sobre el tema y casi como sacándose la pelota de encima dijo: "Cuando yo estuve, los partidos de la selección no fueron muy felices y los míos tampoco. Hay muchos números 10, muy buenos jugadores que están andando mejor y lo suplantan a uno". Nada más agregó.

Sabella estuvo en la primera convocatoria, en el debut ante Chile, en la mayoría de los partidos del inicio del ciclo en 1983, que incluyó la victoria ante Brasil después de muchísimos años, y en dos partidos del 84, con Brasil otra vez y con Uruguay. Después no fue considerado.

Otro de los que había estado en la primera convocatoria y de la época de eliminatorias que también se quedó sin Mundial fue Julián Camino. "Después de la clasificación con Perú la cosa se cortó, no me llamó más, pero nunca lo hablé. Incluso pasó el tiempo, nos vimos muchas veces, incluso cuando vamos con Alejandro Sabella a la selección compartimos mucho tiempo con él, porque estaba con nosotros. Nunca salió el tema. Fuimos un grupo muy compacto, que no pedía explicaciones. Gustaran o no las decisiones se aceptaban".

Bilardo, fiel a su estilo de pocas palabras, solo dio algunas explicaciones de la lista en su columna de opinión del diario *La Nación* y remarcó: "Creo que el caso más doloroso es el de Miguel Ángel Russo. Su salida es por una lesión, no es algo que se le pueda atribuir a él". Elogió su profesionalismo y agregó que: "Si se repasan sus actuaciones, se verá que cuando él jugó fueron muy pocas las veces que el seleccionado perdió. Sufrió una operación importante, hizo un gran esfuerzo por recuperarse y lo esperamos hasta último momento. Logró sobreponerse, pero no pudo tener los 10 o 12 partidos que necesitaba para estar en forma para una competencia tan exigente como nos espera. Lo esperamos al igual que hice con Clausen, con Camino y con otros. En el caso de Sabella, manejamos la posibilidad de recuperarlo, hablamos con el jugador, pero por las razones que expuse de los otros muchachos y pese a que lo consideramos un el elemento muy importante, debimos elegir y Sabella no fue convocado". Así lo explicó el técnico en esa nota del 19 de abril de 1986 y que tituló: "No hubo sorpresas en la designación del plantel".

LA LUCHA GANADA Y EL SUEÑO CUMPLIDO

El pitazo del brasileño Romualdo Arppi Filho fue mucho más que el final de un partido, fue la culminación de un sueño, de una obra para Carlos Bilardo. Significó alcanzar el objetivo a partir de imponer una idea, su verdad sobre el fútbol. Sentado en las plateas del Estadio Azteca, con un rostro que no disimulaba su emoción, lo primero que hizo en la charla que encabezaron Víctor Hugo Morales y Enrique Macaya Márquez fue mencionar a su maestro: "Siempre pienso en Osvaldo Zubeldía, siempre estuvo al lado mío. Argentina cambió su imagen para el mundo. Jugamos virilmente, con un gran comportamiento, mucha dedicación, remontamos un resultado ante Italia, nos empató y siempre fuimos por más. Afuera de la cancha también".

Luego llegó la charla con el presidente de los argentinos, Raúl Alfonsín, quién lo felicitó y le remarcó: "Tuvimos hidalguía, somos melancólicos, nos dieron alegrías y todos los argentinos estamos felices". Bilardo le respondió: "Estamos contentísimos, no solo en lo deportivo. Hubo humildad, conciencia, defendimos la bandera del país. Nunca busco revancha, siempre mirar para adelante, lo pasado se cortó".

Macaya Márquez se refirió a las dificultades que atravesó el entrenador para llegar a México y contó: "Un día, antes de viajar, Bilardo estaba afuera. La movida era muy fuerte, desde algunos medios y desde el Gobierno. Yo trabajaba en Radio Rivadavia y llamo a Julio Grondona, que estaba en una reunión de la FIFA en Zúrich. Lo saco al aire después de contarle todo lo que pasaba en Argentina, ahí lo respaldó y aseguró: 'Carlos Bilardo no se toca, sigue y será el técnico en el Mundial'. Fueron tiempos duros, el juego no se daba y los que no querían a Bilardo no se acercaban a conocer su trabajo, sus ideas, sino que querían imponer las suyas".

Mientras se daba la charla entre el entrenador y el primer mandatario argentino, apareció recorriendo el campo del Estadio Azteca la bandera "Perdón Bilardo". Todo se extendió por varios minutos y, sobre el final, el propio Bilardo dejó un mensaje que sirvió para ponerle punto final a la conversación:

"Estos jugadores fueron ejemplo para la juventud. Hablé con Maradona hace tres años, hace dos años. Él estuvo treinta días concentrado sin pedirme ni un minuto de permiso. Jamás me ha dicho: 'Quiero salir'. Y como él todos nuestros jugadores. Entonces la juventud tiene que entender que si el número 1 del mundo quiere trabajar, quiere concentrarse, quiere hacer las cosas como se tienen que hacer y todas las otras personas que están en la delegación tienen una forma de vivir que es la ideal para seguir adelante, todos tenemos que seguir esa senda".

Uno de los símbolos de ese equipo fue Brown o "Bron" como lo llamaba el Doctor. En una de las tantas charlas con el Tata me contó una historia muy particular: "En la concentración del Club América, a mí con otros muchachos nos tocó dormir en un galpón. El día del debut contra Corea voy caminando para el salón donde desayunábamos y cuando vuelvo me cruzo con Carlos y me dice: 'Por fin llegó el día'. Hasta ahí todo normal. Hago unos pasos y me dice Bron: 'Mirá que jugás vos'. Así me enteré; llegué a la pieza, me tiré en la cama y me abracé a las fotos de mis hijos que tenía en la cabecera. No podía parar de llorar. Yo con Garré éramos los más resistidos por la gente y el periodismo. Para mí ya era un sueño que me hubiera llevado. Carlos y mis compañeros confiaron en mí. No podía fallar, me podían poner un ejército adelante que no me importaba, solo pensaba en jugar y ganar".

Nery Pumpido no dudó en afirmar que: "Carlos Bilardo era brillante, no se daban cuenta de lo que era, por suerte, con el tiempo lo reconocieron. Nos inculcó un sentido de pertenencia por la selección que en la vida lo perdimos".

En otro momento de la charla con Macaya salió a la luz una anécdota de una nota que le hizo al entrenador un día antes del debut. Le dije: "usted sabe que si le va mal lo van a esperar para tirarle tomates del tamaño de una sandía" y la respuesta fue la de un hombre convencido. Me dijo: "Ya lo sé, están preparados durante todos estos años esperando ese momento. Lo tengo asumido, no tengo problemas".

En una producción que hice con Jorge Burruchaga para TyC Sports y para mi programa *Fuera de juego* en el cable de La Plata en la previa del Mundial 2006 me contó: "Bilardo siempre nos protegió, trató de no involucrarnos en su lucha contra las críticas. Nunca nos transmitió dudas y en especial se tranquilizó cuando nos instalamos en México un mes antes del Mundial. Era lo que él quería, tenernos juntos todo el día, entrenar, hablar, compartir caminatas y terminar de consolidar al grupo".

El propio Bilardo, en una de las tantas charlas compartidas en el predio de Estudiantes en City Bell me confesó que en la previa del Mundial estaba muy nervioso y me aseguró: "Es lógico, el que dice que no lo está en la previa de algo tan importante no es normal o miente. Fue un mes que casi no dormí y eso que habíamos hecho todo para que las cosas salieran bien".

ITALIA 90

Todos sus dirigidos coinciden en que Carlos Bilardo no cambió en nada después de salir campeón del mundo en México, continuó con el mismo nivel de exigencia, que lo llevó a que nadie se relajara.

Troglio venía de tener varias participaciones en el seleccionado sub-23 hasta que, después de México, le llegó la chance de llegar a la mayor. Pedro cuenta sus primeras experiencias: "Jugábamos con River semifinales de la Copa Libertadores. Nery (Pumpido) me avisa que Bilardo me iba ir a ver. Juego un muy buen partido. Llego a la zona de vestuarios, veo a Bilardo y me dice: 'Hola Troglio' (siempre por el apellido) y nada más. No entendía nada, pero al otro día me llegó la citación para mí, para Walter Perazzo y Alfredo Graciani. Fue una de las mayores alegrías que tuve en el fútbol. Me tocó debutar el 16 de diciembre de 1987 en la revancha del Mundial ante Alemania que ganamos 1 a 0, con gol de Burruchaga".

Pedro agregó que: "La mejor charla técnica que recuerdo fue en la previa de Camerún. Había visto 50 partidos, fue un libro abierto, marcó todos los detalles, sa-

bíamos todo. Después perdimos un partido increíble. Me dejó enormes enseñanzas en lo táctico y en remarcar que uno siempre tiene que estar concentrado, que no se puede abandonar una marca porque te cuesta un gol".

Volviendo al partido debut frente Camerún y a aquella derrota que caló tan hondo en Bilardo, Troglio recordó: "Moschella era un administrativo de la AFA y hombre de confianza de Bilardo. En una reunión preguntó quién se volvía a la Argentina y no éramos más de tres. Después que eliminamos a Italia repitió la pregunta y volvíamos todos".

Un triunfo muy especial fue el 1 a 0 frente a Brasil el 24 de junio con la monumental apilada de Diego y el gol de Caniggia. "Fue un día que pasamos por todos los estados anímicos. La famosa anécdota del entretiempo que pensamos en un sermón y solo nos dijo, cuando volvíamos para el campo, que no se la diéramos más a los de amarillo. Después fue todo una enorme alegría, pero el festejo se terminó ese día. Esa vez quedó muy claro que, si un partido no jugaste bien y ganaste, igual te vas feliz. Obvio que al otro día nos habló y nos marcó los errores, pero en el Mundial seguíamos nosotros. Cuando perdemos la final, en el avión veníamos muy abatidos, sobrevolando Ezeiza el comandante del avión nos hizo ver la cantidad de gente que, a pesar de la derrota, nos había ido a recibir. Realmente nos impactó. Ahí levantamos el ánimo y, a pesar de no haber traído la Copa, nos sentimos mejor, aunque siempre tengo en claro que la jerarquía y el prestigio te lo da salir campeón".

El Vasco Olarticoechea, uno de los campeones que continuó el camino a una nueva Copa del Mundo marcó algunas diferencias de un proceso al otro: "Bilardo no cambió para nada, pero atravesamos muchos problemas, dimos ventajas y nos exigió siempre, pero en el recambio que hubo no todos rindieron de la misma manera, no se pudo entrenar igual porque muchos se fueron a jugar a Europa. Además, a Diego lo persiguieron los problemas en el tobillo y hubo que cuidarlo más. Carlos luchó mucho y no dejaba pasar una, seguimos con un nivel de exigencia muy alto. En la final, si estábamos completos, no sé qué pasaba. Así y todo, fue muy pareja, con un penal en contra muy dudoso y uno muy clarito a Calderón que no nos cobran. Pudimos haber repetido. Fue una lástima".

LA CONTRADICCIÓN DEL DOCTOR

Bilardo siempre dijo que: "Ser primero no es lo importante, es lo único, nadie se acuerda del segundo ¿Vos sabés quien pisó América después de Colón? Yo no".

Sin embargo, como todo ser humano, puede tener sus contradicciones y en este caso estimo que son para celebrarlas. Habían pasado minutos de la final perdida con Alemania y Bilardo, junto a Julio Grondona, se sentó en el set de televisión que tenía montado ATC/Canal 7 en el centro de prensa del estadio Olímpico de Roma.

La escenografía muy simple: una mesa oval negra, cinco sillas y de fondo unas cortinas en tono ocre con un afiche de la Copa del Mundo y dos plantas. Adrián Paenza junto a la dupla de relator y comentarista del canal oficial, Marcelo Araujo y Humberto *Tito* Biondi. Con ellos Julio Grondona y Carlos Bilardo

Grondona habló del futuro y dijo: "Nos tomaremos el tiempo que sea necesario, no hay apuro para elegir al nuevo entrenador. No será nada fácil reemplazar a Bilardo y su gente. Audaces hay muchos". Carlos, inquieto y nervioso, como era habitual, ratificó su postura: "La decisión ya estaba tomada antes del partido, ya se los había comunicado y nada tiene que ver el resultado. Es el final, no estoy contento, pero sí satisfecho con lo que logramos".

Acá aparece la contradicción, y en buena hora, de Carlos y su valoración por el segundo puesto: "Ser campeón del mundo en el 86 y ahora subcampeón en Europa no lo consigue cualquiera, es un orgullo más para nosotros como veníamos trabajando con un grupo que pasó por un montón de problemas de lesiones. No tengo la felicidad de tener la Copa en nuestras manos, pero con la satisfacción de haber cumplido con la Argentina. La vida me dio mucho, Dios me dio mucho. Prometimos estar entre los cuatro primeros y nos vamos subcampeones. Después del debut les dije que si quedábamos eliminados quería que el avión se estrellara, hoy les dije que, en Ezeiza, por lo que hicieron, tenía que bajar con un frac".

Y Bilardo siguió valorando esa final del 90: "Llegaron a esto porque son hombres, pusieron la cara siempre, jugaron cuando se pudo jugar, estoy satisfecho con estos chicos, después de ganar un Mundial, estar en una final es un orgullo. El prestigio del fútbol argentino quedó muy alto".

CAPÍTULO 3

BILARDO VS MENOTTI, IRRECONCILIABLES

Campeones del Mundo con Argentina. Uno en 1978 como local y el otro en 1986 en México. Bilardo, además, fue el único entrenador en la historia del país que llevó a la selección a jugar dos finales del mundo. Ambos construyeron dos equipos que quedaron en la historia del fútbol doméstico: Huracán de 1973 y Estudiantes de 1982. Campeones y con un fútbol de altísimo nivel.

Sin embargo, después de alcanzar la gloria, ninguno pudo volver a conseguirla, parecieron dos entrenadores terrenales con portación de laureles que supieron conseguir. ¿Fue culpa de ellos o de lo que se generó detrás de cada uno? El menottismo y el bilardismo. Los bilardistas y los menottistas no los ayudaron ni un poquito, y se dedicaron a construir una división que le hizo muy mal a ellos y al fútbol argentino. Lo que hoy se llamaría grieta, y más allá de los gustos y muy típico de los argentinos que nos enrolamos más en la letra "o" que en la "y". Y que jamás entenderemos que una divide y la otra une. Se construyó una pelea que hoy sus devotos continúan, aunque resulte arcaica.

El Estudiantes de finales de la década del sesenta rompió récords, estigmas, fue un equipo que le mojó la oreja a todos en el país, en el continente y en el mundo.

Y se lo ganó con el sudor de su frente, con trabajo (no es una mala palabra), con calidad individual y responsabilidad colectiva, y eso generó simpatías y odios. Se lo ofendió con el calificativo de "antifútbol".

Menotti, fiel a su lenguaje pulcro y fluido, marcaba sus diferencias después de consagrarse en 1973: "Estoy convencido de que todos los equipos están capacitados para jugar un fútbol que dé espectáculo. Un fútbol ofensivo, un fútbol limpio y alegre como el que juega Huracán".

Cuenta Nicolás Morente en su libro *Osvaldo Zubeldía* que Alberto Poletti, de los mejores amigos de Bilardo, admirador de Zubeldía y de gran relación con Menotti, en su paso por el Globo forjó una reunión por pedido del rosarino con el Zorro, al cual le ofreció sumarse en la previa del Mundial 78. Don Osvaldo le respondió en forma negativa y argumentó: "Si me meto van a creer que te desautorizo".

Tras consagrarse campeón del mundo, Menotti recibió una carta de felicitación de Zubeldía, y en un reportaje, el último que le realizó *El Gráfico* el 21 de abril de 1981, Osvaldo declaró: "Pienso que el fútbol argentino le debe mucho a Menotti. Por muchas cosas, no solamente por el título mundial. Fue Menotti quien despertó el interés de los jugadores por integrar la selección. Los respaldó, obligando a los dirigentes a que lo respeten, primero a él y después a sus decisiones". Eso resultó una verdad irrefutable.

En el 2006, Menotti se refirió a Zubeldía en un reportaje en el 2006 y aseguró: "Yo tuve una buena relación con Zubeldía. Nuestro disenso era desde el respeto. Fue un entrenador muy vocacional, te sentabas con él y pasabas horas hablando solo de fútbol".

Pero César, a pesar del respeto hacia Zubeldía, cada vez que podía marcaba diferencias, ponía distancias. En una nota de *El Gráfico* del 20 de marzo de 1973 bajo el título "Las convicciones de Menotti", el técnico manifestó:

"Si Huracán gana 1 a 0 y juega mal, yo salgo amargado de la cancha, porque no veo futuro. Se depende del resultado, sí, pero no del halago momentáneo. Si a mí me dicen: 'Ustedes ganan, pero juegan un desastre', yo viviría dudando porque no sabría cuánto puede durar eso. Estudiantes llegó a campeón del mundo, pero al respecto se me ocurre lo del tipo de cuatro laburos, no duerme, come mal y a la larga se encuentra con unos pesos guardados. Estudiantes se pasaba 50 días concentrado, hizo mil sacrificios, lo suyo es admirable. Lo respeto como obra y como resultado, pero en tren de futuro no me sirve. Quiero otra cosa".

El periodista y psicólogo social Walter Vargas aseveró que: "Menotti refundó la historia de la selección argentina, no lo puede negar nadie, ni el bilardista más acérrimo. Antes de su llegada, el seleccionado era un corso a contramano y hasta los propios jugadores no querían que se la llame selección (muchas veces se presentaba con el nombre de combinado nacional y no usaban la casaca tradicional). Hasta el Mundial del 74 fueron un papelón y César le dio una seriedad que no tenía".

El archivo de la memoria de Bilardo tenía todo guardado. El Narigón nunca pudo digerir esas críticas a su Estudiantes y pensó que el éxito de aquel equipo que integró no fue efímero, se mantuvo en el tiempo. Marcó una época. Otra verdad irrefutable.

Pero Bilardo y Menotti fueron otra cosa, no se bancaban, se tenían celos, aunque jamás lo reconocerían. Y en nada ayudaron sus "defensores", ni técnicos, ni jugadores ni periodistas. Quiénes compartieron cosas con los dos pueden aportar conceptos y opiniones muy interesantes. Por ejemplo, el Flaco Poletti, compañero de Carlos y jugador de César un año, opinó, pero más de Zubeldía y Menotti que de Bilardo y Menotti, aunque el aporte es muy valioso: "Osvaldo tomaba la jugada del fuera de juego para defenderse, no como sistema, sino como recurso. Estudiantes no lo tiraba en cualquier parte del campo como lo hacía Menotti".

El Bocha José Daniel Ponce, más acá en el tiempo contó: "Tuve una experiencia con Menotti en un juvenil. Era el entrenador de la selección mayor y nos vino a dar una charla. Fue en la cancha de Huracán, te habla y te seduce, te atrapa. Bilardo era más sencillo y práctico, tenía clara la película, era simple, pero era enseñanza pura".

Cuando Menotti fue reemplazado por Bilardo al frente de la selección, el César opinó: "Estoy de acuerdo con su elección, pero no comparto sus posiciones ideológicas". Y Carlos respondió: "Yo hablé con él muy pocas veces, siempre de fútbol, nunca de política. Me parece difícil que haya dicho eso, porque él no sabe qué pienso yo. Si me preguntan por Menotti, tengo que decir que francamente no sé de él ni me importa. Lo respeto como técnico y punto". En realidad, intuyo que Menotti se refería a ideologías futbolísticas, pero Bilardo lo interpretó de otra manera. Así empezaron las primeras batallas.

Bilardo supo contar que un día Menotti, épocas en que se toleraban al menos, lo aconsejó: "Vos sos un tonto, le decís a todo el mundo lo que pensás, tenés que decir lo que la gente quiere escuchar". Hasta ahí todo "bien". Carlos ya había asumido como conductor del seleccionado y en un viaje por Europa se encontraron en el Hotel Arena de Barcelona. Esa reunión fue el martes 8 de marzo de 1983.

Cuenta la historia que esa charla fue mano a mano, sin testigos, raro que eso haya sucedido viniendo de Carlos, pero fue así. Hubo un pacto que ninguno de los dos revelaría, y era que no se filtraría el temario. La conversación habría girado sobre algunos nombres de jugadores. Bilardo solo reconoció que hablaron de fútbol y Menotti contó que su sucesor le preguntó por Tarantini y declaró: "Me interesa que tenga suerte en su trabajo por el bien de todos los que estamos en el fútbol. Por eso mismo no quiero interferir en su labor".

Al Narigón no le gustó nada que se haya escapado ese aspecto del diálogo que mantuvieron. Meses después vino el viaje para disputar el Torneo de Toulón. Bilardo contó que conoció a los jugadores en el avión. El César se despachó en una nota que publicó *Clarín* Deportivo el 4 de julio del 83, donde afirmó: "Hubiera sido preferible no ir, no se puede jugar al otro día de llegar, no se puede perder con Valladolid. En ese plantel fueron muchachos que gozaban de gran cotización y quedaron mal parados".

Y la bomba estalló. Carlos, en una rueda de prensa, se refirió a las declaraciones de su antecesor. Fue un paso adelante, no hubo posibilidades de frenarlos, no había marcha atrás. La guerra estaba declarada. "No me gusta que técnicos y jugadores opinen sobre el trabajo que se está realizando... esto es producto de la desorganización del cuerpo técnico anterior. Cuando asumí en el seleccionado lo único que encontré en la oficina fue un escritorio y una silla. No había carpetas de jugadores, no había calendario internacional armado, no había contactos, no había nada".

Bilardo enumeró los fracasos después del título del 78, como el Mundialito de Uruguay, el Juvenil de Australia donde no se pasó la primera ronda, el quinto puesto en Toulón en 1979 y el Mundial de España con una concentración previa de cuatro meses, ¿Cómo dicen ahora que la derrota con Valladolid significa perder prestigio? ¿Qué prestigio? Es muy lindo hablar de un fútbol y después hacer todo lo contrario. El Mundial del 78 se ganó haciendo un fútbol que él técnico decía que no servía para nada. Podría haber usado de diez a Alonso, Bochini, Maradona, Hernández y usó a Kempes, que era todo potencia. Eso es lo que llamo pregonar una cosa y hacer otra".

Eso fue el estallido de Bilardo y todo pasó al terreno de las agresiones, de los ataques personales, las disidencias futbolísticas cambiaron de eje. César manifestó: "Bilardo es un cobarde y un enano mental, no discute conmigo porque tiene miedo", y del otro lado: "Rabanito no tiene trabajo y vive de Bilardo", "Menotti en vez de hablar tiene que ganar algo". La grieta era imposible de

unir. El propio Jorge Valdano, admirador de Menotti, pero respetuoso de Bilardo, porque con él alcanzó la gloria, declaró el 9 de julio de 1985 en *El Gráfico* dijo: "A Menotti y a Bilardo les pido un gesto de grandeza". Obviamente ese gesto nunca llegó.

Y tampoco llegó de parte de quienes se pusieron en la fila detrás de uno u otro, desde protagonistas, periodistas y medios. Se siguieron poniendo etiquetas, muchas de ellas en forma injusta, y otros con lazos más estrechos con Bilardo o Menotti intentaron no jugar ese partido y tuvieron su propio camino.

Hay estadísticas, datos duros de la realidad, que hablan por ellos y también protagonistas que compartieron momentos con Bilardo y Menotti que cuentan historias que tal vez nos lleven a pensar que, a pesar de las diferencias, hay cosas que los unen y que no son tan diferentes, más allá de los estilos y las formas.

FRENTE A FRENTE

César inició su carrera de futbolista en 1960 y Carlos en 1958. Cómo entrenadores tuvieron sus primeras experiencias en 1971. Menotti se consagró campeón con Huracán en 1973 y Bilardo con Estudiantes en la temporada 1982/83. A partir de esos éxitos y grandes campeones que construyeron pegaron el salto a la selección. Menotti campeón en 1978 y decimosegundo en España, en un mundial frustrante. Bilardo campeón en 1986 y subcampeón en 1990.

Como futbolistas se enfrentaron una sola vez. Fue el 2 de mayo de 1965 por la cuarta fecha del torneo de Primera División. Fue en La Plata en un Estudiantes 2 Boca 2. Los visitantes ganaban 2 a 0 con goles de Alfredo Rojas y Ángel Clemente Rojas, y el Pincha igualó con tantos de Marcos Conigliaro y Juan Ramón Verón.

A Estudiantes ya lo dirigía don Osvaldo Zubeldía y formó con Poletti; Castillo, el zurdo López, Barale y Cheves; Bilardo, Madero y Santiago; Conigliaro, Flores y Verón. Boca, entrenado por Néstor Rossi, jugó con Roma; Silvero, Simeone, Sacchi y Marzolini; Menotti, Rattín y Alfredo Rojas; Pianetti, Ángel Clemente Rojas y González.

Hace algún tiempo, al recrearse mediáticamente aquel duelo, Rojitas contó que: "En ese momento ya se veía que tenían estilos muy diferentes. Menotti era muy estético y Bilardo un obsesivo. César le pegaba muy bien a la pelota y tenía una gran visión de juego. Carlos era más duro, porque hablaba mucho, te sacaba del partido. Era uno de esos vivos que uno siempre quiere tener en su equipo".

Marquitos Conigliaro, compañero del flaco Bilardo, dio su punto de vista: "Eran muy distintos. Menotti era más pensante, tenía una gran técnica, pero corría poco. Bilardo, en cambio, no tenía tanto talento con la pelota, pero estaba en todos los detalles. Era como un técnico más dentro de la cancha, aunque daba tantas indicaciones que a veces te rompía mucho las pelotas".

Los bilardistas y los menottistas, con los medios como grandes responsables, siempre tiraron nafta al fuego, nunca apagaron las polémicas y el propio Conigliaro, con mucha simpleza trazó, una gran semblanza de aquella guerra: "Fue una lástima que la sabiduría de ambos nunca se haya podido unificar o compartir para mejorar al fútbol argentino".

La próxima cita fue ya con el buzo de entrenadores. Metropolitano de 1973, fecha 7, cancha de San Lorenzo, 12 de abril y arbitraje de Teodoro Nitti. Los del Flaco Menotti formaron con Roganti; Chabay (Leone), Buglione, Basile y Carrascosa; Brindisi, Russo y Babington; Houseman, Avallay y Larrosa. La base del equipo campeón. El Flaco Bilardo puso en cancha a Leone; Pagnanini, Togneri, Horacio Rodríguez y Medina; Amado, Manceda y Romeo (Roca); Aguilar (Mírcoli), Bedogni y Peña.

El Pincha sorprendió y se adelantó 2 a 0, con dos goles de Pelusa Bedogni (el segundo de penal, en un partido con tres penales), descontó también de penal Miguel Brindisi y Peña por la misma vía puso el 3 a 1. Otra vez Brindisi y Roque Avallay colocaron la placa del 3 a 3 definitivo. Eran tiempos de paz.

Horacio Rodríguez, el líbero de Estudiantes, recordó: "Nos empataron con un golazo tremendo de Avallay. Fue tan bueno el gol que nos hizo, que a mí se me ocurrió aplaudirlo. ¿Para qué? El reto que comí en el vestuario de Bilardo. ¿Cómo vas a aplaudir a un tipo que nos hizo un gol?".

Daniel Romeo recuerda que en aquellos años no se había instalado la "guerra", que aún hoy muchos pretenden mantener entre "bilardismo" y "menottismo": "Fue un muy buen partido ante un Huracán que jugaba muy bien y nosotros estábamos formando una nueva base. Pero Estudiantes había dejado de ser simpático y recibió críticas muy crueles, se marcaron diferencias sin sentido. De lo que sí estoy seguro es de que Estudiantes jugaba muy bien y no regalaba nada".

La revancha fue el 29 de julio en La Plata, con Luis Pestarino como juez y un golazo de tiro libre de Babington al promediar la segunda etapa marcó la diferencia y el 1 a 0 para Huracán, que formó con Roganti; Chabay, Buglione, Basile y Carrascosa; Leone (Tello), Russo y Babington; Quiroga, Del Valle y Larrosa. Estudiantes se paró con Pezzano; Del Curto, Togneri, Rodríguez y Medina; Pagnanini, Croci (Gile) y Amado; Galletti, Verde (Mírcoli) y Peña.

El fútbol los llevó por otros caminos hasta que el destino volvió a cruzarlos en una cancha, con una guerra que había dejado secuelas, cicatrices marcadas y heridas profundas. Los medios también jugaron su partido en la previa y en el post de aquel 3 de noviembre de 1996.

Habían pasado 23 años y fue la última vez que compartieron algo, una misma cancha. "Nunca nos vamos a reconciliar. Pasaron cosas muy feas como, por ejemplo, las críticas que no se deben hacer. Si me extiende la mano dentro de la cancha el domingo, no se la doy, porque han pasado cosas muy graves", dijo Bilardo.

"Es imposible que nos saludemos. Voy a decir lo que alguna vez dijo Sábato: 'Hay cosas que no se discuten, se castigan' y cada uno castiga de la manera que cree", contó Menotti.

Torneo Apertura de 1996, fecha 10, la Bombonera como marco escenográfico, Roberto Ruscio como árbitro y Menotti volvió a salir victorioso con el 1 a 0 de Independiente sobre Boca. El Boca de Bilardo formó con Navarro Montoya; Lorenzo, Cáceres y Fabbri; Toresani, Dollberg, Cagna (Sava), Pompei (Basualdo) y Latorre; Guerra y Tchami. El Rojo de César con Mondragón; Martínez, Rotchen, Arzeno y Cristian Díaz; Acuña, Cascini, Molina (Bustos) y Burruchaga (Albornoz); Guerrero (Álvez) y Morales. El gol del triunfo fue de Panchito Guerrero a los 21 del segundo tiempo. Fueron expulsados Fabbri, Lorenzo y Rotchen.

EL JUEGO DE LAS DIFERENCIAS

En algo coincidieron. Ambos llegaron a este mundo en 1938. Bilardo el 16 de marzo en La Paternal y Menotti en Rosario el 22 de octubre. Dos lugares futboleros por excelencia. El Narigón se formó al lado de Osvaldo Zubeldía y el Flaco del Gitano Miguel Antonio Juárez. Menotti marcó a Brasil del 70 como un equipo ideal y Bilardo le sumó a Holanda del 74 (una contradicción de Carlos en elegir una selección que terminó segunda).

Menotti a la hora de remarcar otros ideales se quedó con el Santos de Pelé y Bilardo con Argentina del 86.

Menotti destacó al conductor de Holanda, a Rinus Michels, como autor de una de las grandes revoluciones del fútbol y sumó a Arrigo Sacchi como un emblema para el fútbol italiano, a Pacho Maturana y a Telé Santana, como hombre que reivindicó el estilo tradicional de Brasil. Bilardo fue más contundente y categórico, y se quedó con un solo nombre al frente de una revolución, su maestro, Osvaldo Zubeldía.

A la hora de identificar el reconocimiento de un fracaso, Bilardo dijo "En que la gente no va a la cancha", y Menotti "Cuando se traicionan las emociones". Si nos ponemos a interpretar, con otras palabras, pero apuntaron más o menos a lo mismo. Al ser consultados por *El Gráfico* sobre si los técnicos ganan o pierden partidos también dejaron una definición muy clara.

Para Carlos: "No solo eso, también pueden fundir un club. ¿Quién dice que no tienen importancia? ¿Y entonces por qué la gran mayoría cobra premios dobles en relación a los jugadores?". César, por su parte, remarcó: "Pueden perder partidos, pero no ganarlos. Hay veces que se pierden por responsabilidad directa de los técnicos, pero los triunfos son siempre prioridad de los jugadores".

Si bien siempre intentaron pararse en veredas opuestas en la investigación y en el recorrido del archivo uno encuentra claramente un lenguaje que los diferencia, pero en lo conceptual, aunque parezca que piensan distinto interpretando entre líneas hay varias coincidencias. Menotti en el libro *Cómo ganamos la Copa del Mundo* cuenta que a la hora de armar una lista "el primer cuidado de un técnico es no equivocarse en la elección de los jugadores". y sostiene que: "Yo los elijo por su talento, entre uno de buena condición técnica y otro talentoso, no dudo, me quedo con el talentoso. De un talento, trabajando, puedo hacer un atleta. De un atleta solo puedo hacer un atleta mejor".

Bilardo, sobre el mismo tema, expresó: "A los Mundiales hay que llevar jugadores que conozcan al técnico y que el técnico conozca. No puedo convocar a más de un jugador que no haya estado antes. Yo llevo a los ganadores. Es una cuestión de lógica. En las malas, los ganadores van a sacar adelante al grupo. Un optimista que juegue 6 puntos puede ser preferible a un pesimista que juegue 8, porque puede generar un efecto negativo al transmitir sus sentimientos. Los jugadores convocados deben cubrir todas las eventualidades. La premisa es poder armar con ellos todas las tácticas que el entrenador tenga en la cabeza, recordando que con un jugador técnico hacés la táctica, pero que de un jugador táctico no hacés uno técnico".

Bilardo siempre reunió jugadores con mucho talento, con buena pegada y buena técnica, pero también les inculcó que hay que sacrificarse, que hay que correr y no se puede estar parado mirando qué pasa en el partido. Menotti explicó que "hay que aclarar las confusiones de los más talentosos, de los pensantes, de esos que suponen que el que piensa no debe correr y de los que quieren solucionar todo corriendo sin pensar nunca".

Más acá en el tiempo le sucedió a Alejandro Sabella en el seleccionado, que aun siendo un amante del equilibrio supo juntar en un mismo equipo a Messi, Agüero, Di María e Higuaín. Ahí necesitó del sacrificio de todos, porque de lo contrario se producía una descompensación. En la actualidad lo mismo sucede con Lionel Scaloni cuando reúne a Messi, Martínez y Agüero. Si no hay compromiso de colaborar el equipo sufre más de la cuenta.

En los aspectos defensivos, el Narigón fue un ferviente defensor del líbero y *sttoper*, tanto en línea de tres centrales como en línea de cuatro, tema que no significa persecuciones personales por toda la cancha; y César remarcó siempre: "No soy adepto a las persecuciones personales. Prefiero la marca en zona, evitando espacios entre nuestra defensa y el medio, el lugar donde habitualmente juegan los habilidosos".

En estos tiempos Sabella siempre se refirió al "más nosotros y menos yo", en clara referencia al sentido de equipo, "el equipo es el otro". Menotti, a su manera, confesó que: "No hay posibilidad de parar un equipo en la cancha sin un alto sentido colectivo. Afuera pueden ser apenas compañeros; adentro cada jugador tiene diez amigos a los que debe ayudar y salvar". Bilardo: "El ideal es que el grupo sea sólido y que no existan conflictos, pero es imposible que todos sean amigos".

¿Hay que mirar a los rivales o solo importa lo propio? El Flaco Menotti reconoció que "más allá de las posibilidades que tiene un técnico para conocer al adversario es muy útil la elaboración de informes". Por ejemplo, en el Mundial 78 había colaboradores en cada sede, como el caso de Alfio Basile en Mar del Plata y Jorge Griffa en Rosario. "Permiten hacer consideraciones en ataque y defensa", aunque remarcó: "No se puede cambiar el juego de acuerdo al rival, pero hay que tenerlo en cuenta".

El Flaco Bilardo, casi como un mecanismo de autodefensa, siempre recalcó: "Algunos dicen: 'No miramos a los adversarios', pero se fijan todo el tiempo. Nadie se hace cargo, pero todo el mundo mira; y está bien, porque hay que hacerlo. A los jugadores hay que darle toda la información posible para que después ellos resuelvan".

HURACÁN DEL 73, ESTUDIANTES DEL 82, SUS GRANDES OBRAS

El Huracán del 73 le permitió a Menotti llegar a la selección y para Bilardo lo mismo representó el Estudiantes del 82. Y está bueno entrar en el terreno de las comparaciones, de los números, de las estadísticas que marcan realidades y no mienten.

La eficacia de ese Huracán alcanzó el 71,87 por ciento de los puntos en juego con 19 victorias en 32 partidos. Estudiantes tuvo un rendimiento positivo del 75 por ciento, con 21 victorias en 36 juegos. El Globo perdió 5 veces y el Pincha 3. Los de Menotti mantuvieron el arco en cero 12 oportunidades y los de Bilardo en 21. Lo de César no convirtieron en 6 encuentros y los de Carlos en 7.

Huracán anotó 62 goles, a un promedio de 1,93 por encuentro y recibió 30 (0,93 por partido). Estudiantes anotó 50 (un promedio de 1,38 por juego), pero defensivamente apenas sufrió18 goles (0,50 por encuentro). Números contundentes. Huracán más goleador y Estudiantes más equilibrado.

De los 62 goles convertidos, Huracán hizo 12 de penal, que representó un 19,35 por ciento. Por esa vía, Estudiantes anotó 5 de 50, un 10 por ciento. El conjunto de Menotti tuvo a la zona del mediocampo como más goleadora con 35 gritos (aunque es importante remarcar que 12 fueron de penal, convertidos por Omar Larrosa y Miguel Brindisi. Estudiantes consiguió 11 goles de sus mediocampistas, ninguno desde el punto penal.

Ningunos de los atacantes de ambos equipos patearon penales: Huracán logró 26 goles, con Roque Avallay (11) y René Houseman (10) como máximos artilleros. Los delanteros de Estudiantes hicieron 31: Guillermo Trama (14) el goleador del equipo y Hugo Gottardi (11).

El Coco Basile fue el único defensor del Globo en aportar un gol y en el Pincha hubo 8 goles de la defensa: 6 (5 de penal) de José Luis Brown, uno de Julián Camino y el otro de Ángel Landucci. Bilardo consiguió que su "5", Miguel Ángel Russo, convirtiera un gol, mientras que Francisco Russo, el "5" de Menotti, no aportó en el arco rival.

Ambos jugaron de la misma manera tanto de local como de visitante. Consiguieron una eficacia como locales del 75 por ciento. Huracán ganó 10 de 16 y perdió 2. Estudiantes solo cayó derrotado por Boca y ganó 12 de 18 en La Plata. De visitantes casi que las estadísticas marcan paridad: Huracán 69,75 de rendimiento (ganó 9 de 16 y perdió 3), Estudiantes un 69,44 (9 triunfos en 18 juegos, y solo perdió 2, con Boca y Newell's).

Menotti tuvo como base de su Huracán campeón a Roganti; Nelson Chabay, Daniel Buglione, Alfio Basile y Jorge Carrascosa; Miguel Brindisi, Francisco Russo y Carlos Babington; René Houseman, Roque Avallay y Omar Larrosa (más cuarto volante que delantero). Más un 4-4-2, que un 4-3-3. Un *wing* de gambeta endiablada como Houseman y un nueve bien de área como Avallay.

Bilardo tuvo como base a Juan Carlos Delménico; Julián Camino, José Luis Brown, Miguel Gette o Ángel Landucci y Abel Herrera; Miguel Russo, Marcelo Trobbiani, Alejandro Sabella y José Daniel Ponce (alternaba con Miguel Lemme); Hugo Gottardi y Guillermo Trama. También tuvo muchos minutos el Tano, Rubén Horacio Galletti. Un 4-4-2, también algo mentiroso, porque Camino era casi un mediocampista más.

Dos equipos que hicieron un culto de la posesión de la pelota con jugadores de enorme talento, y que dejaron una huella imborrable en el fútbol argentino y para sus técnicos. Pero los malditos rótulos muchas veces faltan a la verdad. Y este fue un clarísimo ejemplo.

Es más, las bases que dejaron en esos equipos sus creadores fueron tan sólidos que con sus más y sus menos mantuvieron su nivel en el tiempo, aún con otros técnicos. Al Huracán, ya sin Menotti, no le fue bien en la Libertadores, pero llegó a ser segundo del River campeón después de 18 años del Metro 75, mientras que Estudiantes, en otra etapa de Bilardo, fue subcampeón del Nacional del 75, también detrás de River y en un desempate para ingresar a la Libertadores de 1976 barrió al Globo en cancha de Racing.

Enrique Macaya Márquez, con su claridad habitual, aportó su análisis: "El Huracán del 73 estaba más supeditado a las libertades individuales. Menotti era mucho más amigo de los jugadores, era más de dejarlos ser en la cancha y que las responsabilidades pasaran más por el talento de los futbolistas y que fueran responsables del juego. El Estudiantes del 82 le permitió a Bilardo reunir jugadores de gran calidad, pero él a la inspiración y al talento les sumó una mayor disciplina en el orden táctico, además de las capacidades individuales, todos cumplían un rol para el equipo".

Walter Vargas afirmó sobre los equipos campeones a nivel local que: "Son dos de los mejores equipos de la historia del fútbol argentino, plagado de jugadores con buena técnica, con dos mediocampos que cada uno tenía un Russo (Francisco y Miguel) para aportarles equilibrio. Estudiantes, tal vez, a pesar de la riqueza de su tridente, Sabella, Ponce y Trobbiani, era más directo en los últimos 30 metros con Gottardi y Trama, mientras que Huracán combinaba la tremenda habilidad del Loco Houseman con la potencia de un tanque como Roque Avallay".

EL MUNDO DEL FÚTBOL HABLA DE ELLOS

El Tigre Ricardo Gareca aseguró que: "Menotti y Bilardo nos enriquecieron, dos personas tremendamente capaces. Como jugadores aprendimos, fuimos favorecidos y a muchos nos ayudaron a ser entrenadores. Tenían sus líneas, tal vez representaron dos estilos diferentes, pero la prensa tuvo mucho que ver. Después se sumaron Bielsa, Basile y Pékerman, que con sus ideas y sus métodos también aportaron lo suyo. Los dos fueron campeones del mundo y eso no lo consigue cualquiera.

En lo personal, con César compartí un período muy breve en la selección y convencía y llegaba a través de la palabra. Carlos dialogaba mucho también, pero lo suyo era la pizarra, los detalles, el trabajo de campo".

Una de las personas que analizó con una gran precisión a Bilardo y a Menotti fue Patricio Hernández. El nicoleño tuvo al Narigón en sus inicios en el profesionalismo y al Flaco en la etapa previa y durante el Mundial de España, aunque no tuvo minutos en cancha. En su libro *Mi fútbol y yo* consiguió algo muy difícil: que participen los dos. Uno escribió el prólogo y otro el epílogo.

"Carlos y César coinciden en el profundo amor por el fútbol, son competitivos, tratan a sus jugadores a partir del hombre y conocen en profundidad al fútbol argentino y sus raíces", argumentó.

A la hora de las diferencias, el debate se amplia y Hernández nos da su punto de vista: "César ama la pelota y Carlos la táctica; César quiere ganar para demostrar una filosofía y Carlos para ser el primero; César quiere que sus jugadores sean felices y Carlos perseverantes".

Patricio se apasiona en la charla y nos atrapa, las diferencias entre dos de los grandes referentes del fútbol argentino continúan: "Menotti se inspiró en Renato Cesarini, Adolfo Perdernera, el Gitano Juárez y la escuela brasileña; mientras que Bilardo en Zubeldía y la escuela italiana".

Más adelante agrega que: "César sostiene una idea respetando su naturaleza y Carlos respetando lo preestablecido, para César el fútbol es un hecho cultural y para Carlos es una contienda feroz; César convoca a través de la belleza y Carlos a través del resultado sin olvidarse del talento; César sabe que el talento sensibiliza al alma y Carlos sabe que el sacrificio emociona el corazón".

En el breve paso de Francisco Maturana en el 2007 por el fútbol de La Plata, como técnico de Gimnasia, aproveché el tiempo y su generosidad para hablar mucho de fútbol. Recuerdo varias charlas en *off* y una muy linda visita que nos hizo al programa de tele *Fuera de juego*. El tema de los estilos siempre estuvo presente y obviamente su relación con Bilardo y Menotti.

"Con César estamos cercanos y unidos por esa sensibilidad que tenemos alrededor de algo. Menotti interpretó el fútbol desde lo zonal. Ese fútbol desde lo lírico y con la estructura como la base para armar el equipo. Desde esa perspectiva, buscaba lucir las individualidades desde su condición humana por su manera de hablar y tratar a los jugadores. Fue un maestro en el fútbol. Yo me encasillo en su vereda. Pero respeto mucho la de enfrente. Valoro mucho a Carlos Bilardo. Fue mi entrenador y es un campeón del mundo. Pero tiene otra manera de ver el fútbol. Indudablemente los dos son valiosos para mí. Yo tuve una experiencia muy bonita cuando estuve en España y coincidí con Carlos Bilardo en el Sevilla. Teníamos una buena relación, muy unida porque yo era su discípulo. Él quería que me fuera bien y me enseñó muchas cosas del fútbol y de la vida".

En esos momentos compartidos después de algún entrenamiento me contó: "Tengo una anécdota muy linda con Bilardo. Cuando ambos estábamos trabajando en España, a Carlos lo entrevistaron y le comentaron que Maturana estaba matriculado como 'Menottista'. Entonces, Bilardo respondió: 'Maturana que no hable. Que lo haga cuando sea entrenador'. Yo escuché esa declaración y pensaba, 'Hijo de perra ¿entrenador? Si yo fui campeón de América, fui a un Mundial'. Un día me lo encuentro en un seminario y en una charla a solas me dice: 'Te mandé un regalito' (por sus declaraciones). Y, agrega: 'Pacho, a vos todo te ha salido muy bien. Vas a ser un director técnico cuando los periodistas te quieran matar. Cuando no puedas salir de tu casa y te quieran quemar el auto. En ese momento te vas a volver entrenador'. Después de esa charla, entendí todo. Uno en el camino va recogiendo cosas. El mensaje de Bilardo fue que había que ir despacio. Y aprendiendo todos los días. Dice el refrán que: 'Mientras usted está acostado con la

victoria, la derrota está esperando debajo de la cama'. Y así es. Eso me lo enseño Carlos Bilardo...".

Pacho también hizo referencias en aquellos momentos al paso de Bilardo por la selección de Colombia: "En aquellos años el fútbol colombiano tenía ya grandes jugadores, pero carecía de identidad y que cuando Bilardo asumió como técnico no pudimos sentirnos protagonistas, porque siempre había que pensar más en el rival que en nosotros. Él decía: tú me marcas a ese, tú a este otro..., y así nos sentíamos menos que el adversario. Bilardo ponía las tapas de *El Gráfico* en la pared para que conociéramos a quién íbamos a enfrentar. Cada uno de nosotros tenía un estante y en él se encontraba toda la información sobre el jugador al que nos tocaba marcar".

Maturana admira a Menotti y respeta a Bilardo. Entiende que el fútbol de César "la inspiración en un momento determinado" y reconoce a Carlos, aunque "tenga pensamientos y sentimientos diferentes".

El Vasco Olarticoechea es uno de los jugadores que Bilardo convocó y que venían del ciclo de su antecesor. Fue parte del plantel que jugó el Mundial de España en 1982. "Fueron dos técnicos totalmente distintos. Fue todo diferente, los comienzos con Carlos fueron difíciles porque no estábamos acostumbrados a entrenar de esa manera. Bilardo rompió los moldes, no fue un entrenador común. Nosotros veníamos de una etapa donde nos creíamos que las sabíamos todas y nos corrigió, nos enseñó, te hacía ver todo para que supieras resolver, nos abrió la cabeza. Fue Harvard".

EL COMIENZO DEL FINAL

En los complejos años setenta hubo una cena donde el fútbol fue el eje central de la reunión. La charla la cuenta el libro *Bilardo-Menotti, la verdadera historia*, escrito por los periodistas Cayetano Cajg y Néstor López. El hombre que propició ese encuentro fue Roberto Saporiti (amigo de ambos), en cuya casa se produjo la cumbre del 29 de octubre de 1976, hace ya 44 años.

Cuenta Saporiti que, cordialmente, cada uno expresó sus ideas futbolísticas. "Hay que tener la pelota para dominar el juego. Para eso es necesario que el equipo tenga movilidad. Cuando un futbolista tiene el balón en los pies, sus compañeros deben moverse con inteligencia para darle opciones de pase", se explayó Menotti.

"Yo creo que lo importante es recuperar la pelota y atacar enseguida. No perder tiempo. Si defiendo bien, me aseguro el cero en mi arco y aprovecho las posibilidades que tengo de hacer un gol, estoy haciendo las cosas bien", retrucó Bilardo.

En la defensa pasional de sus argumentos, el libro de 269 páginas imperdibles remarca un concepto que los diferenció siempre. "¿Qué me importa si el partido es más feo o más lindo? ¿A quién le importa? Lo que quiero es ganar", exclamó Bilardo. "Todos queremos ganar, pero a mí sí me importa la forma", sentenció el César.

Luego de algunas rondas de café, se despidieron con la promesa de un nuevo encuentro a las cuatro de la mañana del sábado 30 de octubre, el día que Diego Maradona, que había debutado en Primera 10 jornadas antes, cumplía 16 años.

CAMPEONES DEL MUNDO

Menotti se consagró de local y sin eliminatorias previas; Bilardo de visitante y con eliminatorias que desgastan. Menotti, con un comunicado de la Junta Militar, que prohibía las críticas. Bilardo con una lucha despiadada de sectores de la prensa y con funcionarios del gobierno de Raúl Alfonsín que quisieron sacarlo del cargo.

Fueron dos mundiales diferentes. El del 78 con dos fases de grupos y el del 86 con partidos de mata-mata a partir de los octavos de final

La selección campeona de César venció 2 a 1 a Hungría en el debut y luego superó a la Francia de un joven Michel Platini por el mismo marcador. Cerró el grupo con una derrota ante Italia por 1 a 0.

De ahí fue a Rosario, se sacó de encima a Polonia con un 2 a 0, con goles de Mario Kempes, que empezó a dejar su sello en el Mundial. Empate en cero con Brasil y la necesidad de golear a Perú para volver el 25 de junio al Monumental.

La goleada llegó en un partido cargado de suspicacias y sospechas. Fue 6 a 0 y a la gran final.

Holanda no se la hizo fácil. Kempes puso el 1a 0 y empató Naninga. Sobre el final, un cabezazo en el palo del arco del Pato Fillol casi tiñe la fiesta de desilusión. Llegó el alargue, una corajeada, una más, del Matador Kempes y el tranquilizador gol de Daniel Bertoni para el 3 a 1 final y la consagración. Campeones del Mundo por primera vez en la historia.

Siete partidos, 5 triunfos, 1 empate y 1 derrota. 15 goles a favor y 4 en contra. Una eficacia del 78,57 por ciento. Por lo general un sistema de 4-3-3.

Los números de los campeones de México 86 marcan una campaña de 6 triunfos y 1 empate ante Italia por 1 a 1 en la fase de grupos. Terminó invicto, marcó goles en todos los encuentros, Hizo 14 y recibió 5. No tuvo penales a favor. Tuvo una eficacia del 92,85 por ciento.

Ambos dirigieron dos mundiales. Luego del título del 78 la selección de Menotti, con el primer mundial de Maradona, no llegó a las instancias finales. Venció a Hungría y a El Salvador, y perdió con Bélgica, Italia y Brasil, con una eficacia de apenas el 40 por ciento. Hizo 8 goles y recibió 6. Terminó undécimo.

En el 90 con Bilardo se llegó a otra final con Alemania, donde se perdió por 1 a 0 en un juego cargado de polémicas y de problemas para armar el equipo. Ganó 2 partidos, perdió 2 y empató 3 (ganando dos series de penales). Marcó 5 goles y le anotaron 4. Su eficacia fue del 50 por ciento. Fue subcampeón.

El comentarista de fútbol por excelencia del fútbol argentino Enrique Macaya Márquez puntualizó que "la selección del 78 era más libre, más creativa, más sometida al esquema tradicional, la del 86 no tenía posiciones fijas, tenía mucho más despliegue, en especial de los mediocampistas, que se desdoblaban en las funciones, ocupaban muy bien los espacios, además de las capacidades técnicas de cada futbolista. Era un equipo muy inteligente. Bilardo le agregó sacrificio y un rigor mayor".

Walter Vargas analizó que: "Una de las grandes diferencias está en la interpretación de los discursos. Menotti y los suyos hablaban de la prevalencia de la estética por sobre la competencia, mientras que Bilardo y los suyos sostenían la importancia del resultado por sobre todas las cosas".

"Igualmente hay puntos que pueden contradecirse, porque más allá de la estética, la selección de Menotti era muy combativa y tenía a dos a guerreros como Daniel Passarella, el mejor central de la historia argentina, y al Tolo Américo Rubén Gallego; mientras que al campeón del 86, tildada como el sumun del laboratorio, le hicieron dos goles de córner en una final", agregó.

Como reflexión final, Walter dejó conceptos interesantes para la eterna discusión: "Menotti era más espontáneo en el manejo con los jugadores, mientras que para Bilardo, a pesar de las etiquetas, lo más importante era que sus jugadores entendieran el juego y le pegarán bien a la pelota. Alguna vez Beckenbauer explicó que man-

tenía a Magath en su equipo porque, cuando no podía imponer su juego, era el único que con su pegada podía aportar una solución con un pase de 40 metros. En realidad, es que son peores los menottistas y los bilardistas que los propios Menotti y Bilardo. Ni Menotti era un ángel ni Bilardo un demonio. El gran problema es que nos interesa ganar la discusión y no llegar a la verdad".

LA PRESENCIA DE DIEGO

Maradona tuvo su debut en la selección mayor de la mano de César Luis Menotti en un amistoso ante Hungría el 27 de febrero de 1977. Un par de días antes, después de romperla en un entrenamiento, el técnico le dijo: "Báñese y vaya para la concentración. Avísele a sus padres, pero no lo comente con nadie más".

César siempre lo trató de usted y también le comentó: "No quiero ponerlo nervioso, pero si las cosas van bien lo pongo en el segundo tiempo". Diego, con el dorsal 19 se ubicó en el banco de la Bombonera y esperó el momento. Tres goles de Daniel Bertoni y dos de Leopoldo Luque generaron un momento para la historia. Menotti lo llamó, lo miró y le comunicó lo que Diego tanto quería escuchar: "Prepárese que va a entrar. Haga lo que usted sabe". Maradona tenía 16 años, 3 meses y 27 días. Y a los 20 minutos del complemento entró por Luque. Ese día el equipo formó con Hugo Gatti; Alberto Tarantini, Jorge Olguín, Daniel Killer y Jorge Carrascosa; Osvaldo Ardiles, Américo Gallego y Julio Ricardo Villa; René Houseman, Leopoldo Luque y Daniel Bertoni.

En los siguientes ocho partidos, Menotti no volvió a convocarlo, volvió a llamarlo en agosto para jugar dos partidos con Paraguay por la Copa Bogado. Siempre desde el banco, salvo en un solo partido de los cuatro que jugó antes de la lista definitiva. Llegó el día fatal para la relación Menotti-Maradona. Fue el 19 de mayo de 1978 en el Campo de Deportes de la Fundación Natalio Salvatori. Había que depurar la lista.

Se quedaron afuera Víctor Bottaniz, Humberto Bravo y Diego. Contó Roberto Saporiti en una nota que le hice en 221 Radio que "la decisión nos impactó a todos, fue un momento feo y difícil. Diego lloró mucho". En su libro y en varias notas Maradona, cuando se refirió a ese momento, remarcó que: "No sabía cómo se lo iba a decir a mi papá. Al Flaco lo quiero, pero eso no se lo perdoné nunca. No me quedé ni un segundo más ahí, yo ya no me sentía parte de ese grupo. En ese momento empecé a darme cuenta de que la bronca era un combustible para mí".

Menotti aseguró ante la prensa: "Perdónenme, pero no voy a dar explicaciones. No se las di a los jugadores y tampoco las haré públicas. Simplemente tenía 25 jugadores y había que inscribir a 22. Yo a ellos les había adelantado que iba a proceder así. De nada hubieran valido los discursos ¿Qué ganaban ellos si yo les decía que eran unos fenómenos, pero que los tenía que sacar?".

Diego, con Menotti en la selección, jugó su último partido el 2 de julio de 1982, cuando quedó eliminado del Mundial de España al perder 3 a 1 con Brasil e irse expulsado. En total jugó 34 partidos, con 17 victorias, 10 empates y 7 derrotas, marcó 13 goles (2 ante Hungría en el Mundial 82). Por mundiales fueron 5 partidos, con 2 triunfos y 3 caídas.

Bilardo lo convirtió en el capitán de su selección, fue el máximo referente. Jugó su primer partido del ciclo el 9 de mayo de 1985 en un amistoso con Paraguay que terminó 1 a 1, con gol de Diego de penal ante Ever Almeida. El último partido fue en la final del Mundial 90, el 8 de julio, en la derrota con Alemania por 1 a 0.

Con el Narigón jugó 46 partidos, de los que ganó 22, igualó 14 y perdió 10. Convirtió 19 goles (5 en el Mundial de México). Por mundiales disputó los 14 juegos que

el seleccionado participó de la mano de Bilardo. Ganó 8, empató 4 y perdió 2.

DOS OPINIONES FUERTES

El suplemento deportivo *Líbero* de página 12 el 9 de noviembre del 2020 propuso un juego periodístico con los términos "bilardismo" y "menottismo". Ahí dos defensores de cada una de las corrientes, como Víctor Hugo Morales y Ángel Cappa, dijeron lo suyo, con opiniones no exentas de alguna sorpresa.

Víctor Hugo, admirador del Narigón desde los tiempos del Estudiantes del 82 argumentó: "Hay muchas maneras de definir al bilardismo, como ocurre con cualquier tendencia ya sea en el fútbol o fuera del mismo. Lo primero que se me ocurre es que bilardismo es colectivismo. El bilardismo es jugar al fútbol pensando que el todo es más importante que la individualidad. Por supuesto, que sin retacear la cuota de creatividad o de improvisación que el juego merece. El bilardismo también es la obsesión por algo. Es una forma de llevar a cabo un propósito con el máximo esfuerzo de cada uno de los integrantes del plantel. Esto incluye el estilo de juego que el equipo despliega y la conducta que debe tener fuera y dentro de la cancha para poder cumplir con esos objetivos planteados. Objetivos que deben ser muy claros y directos direccionados por la cabeza del grupo que necesariamente es el entrenador. A esta altura de la historia y medio siglo después de la irrupción de Bilardo como entrenador en el medio futbolístico, se puede afirmar que el bilardismo es una verdadera escuela".

El entrenador, amigo y admirador acérrimo de Menotti y crítico a ultranza de la otra corriente sorprendió por el punto de partida de su argumentación: "Buscando un inicio en la historia del fútbol argentino de ese estilo que se conoce como menottismo, hay que remontarse a los finales de la década del veinte del siglo pasado y principios del treinta. Podemos elegir entre varios equipos a alguno que nos sirva de ejemplo. Y me parece que el Estudiantes de La Plata de entonces, conocido como 'los profesores', es, tal vez, el que mejor representa el comienzo de la formación del gusto de la mayoría de los argentinos. Y digo que tal vez sea el mejor representante de nuestro gusto futbolístico, porque curiosamente ese equipo no fue campeón. Lauri, Scopelli, Zozaya, Ferreira y Guaita fueron segundos en 1930, terceros en 1931 y sextos al año siguiente. O sea, no se les elogia ni se les recuerda por los títulos logrados sino por su juego exquisito. Es cierto también que su máxima figura, Ferreira, declaró, tiempo después, que no fueron campeones 'exclusivamente por los árbitros'. Aunque ese detalle no altera la admiración ni el respeto por lo bien que jugaban. Hay una anécdota que cuenta Lauri de un partido donde Ferreira le dio una pelota y Lauri avanzó, gambeteó a un rival, tiró y pegó en el palo. Ferreira se le acercó y le dijo: 'Esa pelota era mía". Lauri, sorprendido, le respondió: 'Pero Manuel... pegó en el palo'. 'Aunque usted hubiera hecho el gol —le dijo Ferreira— esa pelota debió pasármela a mí". Es decir, la esencia del menottismo. La esencia del fútbol argentino, que busca la perfección de la jugada antes que el resultado de esa jugada. Lo que debe ser, más importante que el éxito conseguido de cualquier modo".

Macaya aportó su habitual equilibrio y a su manera se diferenció de Víctor Hugo y de Cappa: "La polémica fue más de los medios que de ellos. Cada uno tenía sus conceptos, en especial en la manera de jugar y de sentir, pero ambos se destacaron por una buena organización y fueron muy responsables con sus estilos y sus formas. Hubo medios y periodistas que tomaron esto como bandera y salieron a defender sus ideales a través de las características de cada uno. Para mí esa polémica en parte los potenció, está claro que fueron dos estilos diferentes. Creo que el fútbol argentino los aprovechó, se hizo más firme la competencia. Cada uno tuvo sus méritos y si se los suma se termina haciendo algo mejor".

Está claro que nadie puede negar sus obras. De un lado Huracán del 73 y Argentina 78, del otro Estudiantes del 82 y Argentina 86. Pero no es menos cierto que después hubo otras oportunidades tanto para Bilardo como para Menotti y, más allá de cumplir algunos objetivos, ninguno alcanzó a construir otro gran equipo.

"Llegaron a lo máximo, es difícil después de eso. Creo que las críticas y los medios perjudicaron más a Bilardo que a Menotti, porque instalaron el debate desde preconceptos equivocados. De un lado se puso lo estético y la belleza del juego, y del otro la frialdad del resultado. Fue injusto, porque aún con diferencias una cosa no se puede conseguir sin la otra", argumentó Macaya Márquez.

Y las reflexiones de Macaya tienen eco en las propias palabras de Menotti, que sus "admiradores" tal vez no reconocerían. Dijo César: "Hablan de correr cuando la pelota la tienen los contrarios, pero cuando la tenemos nosotros hay dos o tres corriendo y los demás miran. Es imperdonable. No podés tener un equipo de pelotudos que corran solo para quitar la pelota".

Y agregó: "No hay que tomar a la tenencia de la pelota como una estrategia. No se puede ser tan burro en decir eso. La tenencia no es ninguna estrategia, es una necesidad, porque la pelota es la que no te deja perder".

En el debate se pueden sumar opiniones de ayer y de hoy. Por ejemplo, Zubeldía sostuvo siempre que: "Para que una táctica sea válida es imprescindible que haya nacido del diálogo técnico-jugador. El día que alguien consiga que los 11 jugadores se metan en la charla técnica y discutan, ese equipo será invencible".

Y don Osvaldo también remarcó: "Acá se confunde todo, fútbol con antifútbol, responsabilidad con destrucción. El fútbol es uno solo y es el que se juega bien. Puede haber, eso sí, pequeñas diferencias tácticas".

Pep Guardiola es un canto al trabajo de campo, a estar en todos los detalles y a encerrarse a observar videos, lo llevó a la práctica y lo reconoció: "No olviden nunca que, si nos levantamos muy temprano, sin reproches ni excusas y nos ponemos a trabajar, somos imparables. Créanme que somos imparables".

Arrigo Sacchi, otro revolucionario del fútbol, analizó: "Ser dueño de la pelota, y sobre todo del juego, es lo que siempre ha caracterizado a los grandes equipos. Mi Milan estaba obsesionado por el *pressing* y el Barcelona de Pep por controlar la pelota".

Claudio Vivas, mano derecha de Marcelo Bielsa en sus comienzos, dio una definición categórica sobre los dos técnicos campeones del mundo con Argentina, que no dejó de sorprender: "Entre Menotti y Bilardo me quedo con Carlos 100 000 veces. Fue uno de los que desarrolló la línea de 5 cuando nadie lo hacía. Era un tipo de trabajo y este señor nos enseñó lo que es trabajar".

Rafa Benítez aportó lo suyo y dijo: "Siempre tratar de imponer tu propio estilo de juego, pero si conocés los puntos débiles del rival, debés aprovecharlos hasta donde te lo permite tu guion, y si puedes hacerlo sin modificar tu estilo, o modificándolo lo menos posible, pues casi estás rozando la perfección".

VERÓN JUGÓ CON LOS DOS

Juan Sebastián Verón tuvo con Ángel Cappa un enfrentamiento verbal después del triunfo de Estudiantes

ante River el 24 de abril del 2010 por el Torneo Clausura. El Pincha se impuso 1 a 0 con gol en contra de Facundo Quiroga.

Cappa, postpartido, se quejó por las dos expulsiones que sufrió su equipo (a los 42 y 43 minutos de la parte final) y sostuvo que: "En el primer tiempo jugamos bien y ellos ganaban con un gol de casualidad. En el segundo ellos hicieron su juego y se dedicaron a complicar el partido, haciéndolo trabado y sin mucho cuidado por la pelota".

La Brujita no se hizo esperar para responder: "Para defender cierta ideología con fundamentos hay que ganar cosas y Cappa, que yo sepa, todavía en el fútbol argentino no ganó nada. Desprestigiar el resultado no me parece bien, no me parece para nada bien y tenemos fundamentos y logros para decir que con este fútbol, que a él no le gusta, logramos cosas, no solo ahora, sino el año pasado".

Y agregó: "Cappa debería defender su ideología sin tirar contra los demás, ya trató de desprestigiar el campeonato de Vélez y ahora nos ataca a nosotros que vamos punteros en el Clausura".

El propio Verón fue muy criticado por muchos hinchas del Pinchas por los entrenadores que supo elegir, en especial fue muy discutido cuando eligió, y dos veces, a Gabriel Milito, quien no tuvo *feeling* con la gente y también los medios lo trataron de una manera "especial" desde el primer día y le marcaron el tema de la "famosa escuela".

Tanto es así que Milito, el día de su presentación, se encargó en remarcar: "A mí me encanta la táctica, soy un obsesivo de eso, del trabajo, del esfuerzo, de la estrategia y si eso es la escuela de Estudiantes quédense tranquilos que nos vamos a llevar muy bien".

En una nota que me tocó hacerle a la Bruja en *La revolución del fútbol* por 221 Radio de La Plata fue categórico: "No tengo que ser un presidente bilardista, tengo que ser un presidente para Estudiantes y buscar hacer la mejor gestión. No me considero bilardista, ni sabellista, ni zubeldista, sino que tengo mi propio pensamiento sobre la identidad".

Verón agregó que: "Sobre las corrientes difiere mucho, pero Estudiantes tiene una identidad muy marcada y es el trabajo, el ser solidario, el ser humilde, el no claudicar, el correr los límites siempre, el ir en contra de. Es el rasgo característico del club, que siempre fue reforzada en un momento por los profesores, después por Zubelbía, por Bilardo, por Manera, por Sabella, por Simeone y por tantos otros".

"Cuando dije esto del riñón muchos lo entendieron, otros no y lo usaron para pegarme, pero lo vuelvo a sostener el riñón es una cosa y la creación de la identidad otra distinta y esa sí fue reforzada por estos nombres, de los que no pueden excluir a mi viejo, aunque algunos tratan de obviarlo", precisó.

Sebastián, a la hora de hablar de estilos en un reportaje en el programa *90 Minutos* valoró a Diego Simeone por su continuidad en Europa, a Marcelo Gallardo (a quien antes de llegar a River lo pensó para llevarlo a Estudiantes). También destacó que al Coco Basile "no lo podemos dejar afuera de los primeros planos, porque fue el último técnico que ganó algo con la selección y más allá de todo, los triunfos te llevan a quedarte con los mejores recuerdos".

Pero en el momento de hacer un *ranking* no dudó: "Bilardo es el mejor de todos", y aseveró que en un imaginario podio "César (Menotti) es el dos y Alejandro (Sabella) el tercero, porque fue el que después de muchos años nos hizo vivir y sentir las cosas que sucedieron con las generaciones del 86 y el 90".

Al ampliar su concepto sobre la selección de Bilardo afirmó que "Carlos tuvo la posibilidad de trabajar más en el día a día, porque la mayoría de los jugadores estaban acá en el país, hoy eso es imposible".

Sobre Bilardo también argumentó que: "Está claro que tenía algo innato desde su época de jugador para ser el técnico que después logró ser, y estoy seguro de que eso que él traía lo reforzó con Osvaldo (Zubeldía) por todo lo que me cuentan en el club. Esos viajes en tren que hacían de Buenos Aires a La Plata todos los días, más las concentraciones y el tiempo compartido lo terminaron de formar".

En una transferencia, aún hoy polémica por las cifras que concretó el presidente de Estudiantes de aquellos años, Daniel de la Fuente con Boca, que pagó un millón y medio de dólares por el total de su ficha. Él ni siquiera se quedó con el porcentaje de una futura venta y seis meses más tarde la Sampdoria abonó 4 millones más. Un pésimo negocio del club que lo vio nacer.

En el Boca de Bilardo compartió plantel con Maradona, Caniggia, el Kily González. Jugó su primer partido el 17 de marzo de 1996 en el empate 1 a 1 con Huracán, disputó 17 encuentros oficiales más 4 amistosos (con gira por China incluida) y su última vez fue el 11 de agosto del 96 en la derrota ante Estudiantes en la Bombonera por 2 a 1. Ese día Martín Palermo marcó por duplicado para el Pincha y la Brujita le convirtió un golazo de tiro libre, que no festejó, a Carlos Gustavo Bossio.

La Brujita estaba en Italia, dando sus primeros pasos en Europa y la Sampdoria contrató a Menotti: "Muchos habrán pensado que la iba a pasar mal por mi identificación con Estudiantes, pero para nada me pasó factura, al contrario, trató siempre de tener un buen diálogo conmigo. Después en la selección me encontré con el Profe Signorini, y un fenómeno; Poncini lo mismo, buena gente, yo no... digamos que esas diferencias, más allá de la ideología que defiende cada uno, fueron más personales que otra cosa. Y tampoco soy extremista".

El ciclo de Menotti igualmente duró poco tiempo en el cuadro genovés. Fueron tan solo 14 partidos, de los que ganó 4, igualó 2 y perdió 8, marcó 21 goles y le hicieron

27. Verón jugó 11 de esos 14 encuentros, en 10 arrancó como titular (fue sustituido en cuatro) y el restante ingresó faltando 21 minutos ante el Milan, en la derrota por 2 a 1 por Copa Italia, que fue la despedida del Flaco.

Sebastián, en alguna oportunidad, me contó que "La verdad, yo los tuve a los dos cuando era muy chico y poco tiempo. Tal vez no los aproveché demasiado por esas razones porque a mí me interesaba jugar y jugué con los dos. Ambos confiaron y me respaldaron. Con Carlos conviví más otras cosas, más que en la relación técnico-jugador, un obsesivo en todo, y César buscaba llegar más a través de la palabra, del romanticismo".

CAPÍTULO 4

PIM PAM PUM

El doctor Bilardo es afecto a las cábalas como pocos en el mundo del fútbol o como él siempre dijo, a las costumbres. Cosas que contagió a compañeros, dirigidos y, por qué no, a periodistas que convivieron con él en el día a día. En realidad, hay un poco de todo, desde su época de futbolista hasta en su última etapa de entrenador y tan bien hombre de los medios. Hay mil historias, muchas conocidas y otras que llamarán la atención, que causarán sorpresa y también despertarán algunas sonrisas. Hacemos un viaje por locas historias del Narigón.

¿Y LA DIETA DONDE ESTÁ?

En su última etapa en el Pincha, en el 2003, tenía la obsesión de fortalecer a los más chicos. Decía que estaban faltos de olla y, a pesar de que es algo no recomendado por los nutricionistas, los jueves era el día del puchero. No importaba si era invierno o verano, si hacía 3 grados o 30. Ahí Adela, la cocinera histórica del Country, era la especialista, junto con Odelay y Norma, sus ayudantes,

más Doris y Alfredo, que eran los caseros del predio. Nadie más entraba a la concentración y menos a la cocina.

Adela, una mujer adorada por los jugadores y por el doctor, cada jueves se ponía manos a la obra bajo la atenta mirada de Bilardo, que supervisaba que no faltara ningún complemento. El caracú tenía que tener la grasa interna del hueso, y había que ponerle chorizo, morcilla, porotos, garbanzos, panceta, verdura y los infaltables cueritos y patitas de chancho. Los nutricionistas abstenerse.

Cuenta Mariano Pavone que les decía: "El puchero da energía, tiene de todo". Generalmente se comía los días de doble turno. Puchero, siesta y otra vez al campo.

NADA DE POLLO NI LAUREL Y LA CARNE, ROJA

Adela recuerda que tenía prohibido hacer pollo. Para Bilardo el ave era un alimento que no traía suerte positiva. Comer pollo era mufa, aunque hubo una excepción y fue nada menos que Alejandro Sabella, una de las figuras del campeón del 82, que no era muy adepto a la carne vacuna.

En cuanto a la carne vacuna, tanto a la plancha como a la parrilla se tenía que servir roja y los jugadores no tenían más remedio que aceptarlo o bien tener alguna complicidad con la cocina y pedir un punto más de cocción.

En el Country había muchas plantas de laurel, que se usaban como condimento para las comidas. Ni bien las vio las hizo sacar: "Nada de laurel, es mufa". Al otro día no había quedado ni una diminuta plantita de tan noble condimento.

A la hora de servir la mesa también había una estrategia. Como los futbolistas siempre estaban hambrientos, lo primero que encontraban en la mesa era una gran variedad de ensaladas. De esa manera se "llenaban" antes de la llegada del plato más contundente.

MATRIMONIOS Y ALGO MÁS

Bilardo, siguiendo la teoría de su maestro, Osvaldo Zubeldía tampoco les permitía o les recomendaba que no se podían casar en cualquier época del año. Horacio Rodríguez, el líbero del equipo subcampeón de 1975, recordó que un día le dijo al técnico que debía casarse, porque así iba a poder recibir la visita de su familia en la concentración como ocurría con sus compañeros.

Bilardo le dio el visto bueno, pero con condiciones. El jugador quería casarse a mitad de año para la fecha de su cumpleaños, pero el Narigón le dijo: "Casate en diciembre y te doy una semana más de vacaciones". ¿Qué pasó? Se casó el 21 de diciembre.

GIRA Y PATERNIDAD

Otra más con Horacio Rodríguez. El equipo del 75 se fue de gira a Europa. Tenía que enfrentar a un equipo sensación en ese momento, el Dynamo de Kiev. Estudiantes ganó 1 a 0. A la mañana siguiente los jugadores se levantaron para desayunar y encontraron a Bilardo con una botella de champagne en la mesa. Todos se miraban y por lo bajo decían: "Está loco".

En un momento, Carlos levantó la cabeza y preguntó: "¿Están todos? Bueno, ahora tenemos que brindar y felicitar a Horacio que fue papá". Así se enteró el defensor de su paternidad. Le contó que estaba todo bien, que su esposa y el bebé estaban en un buen estado de salud. Le daba la garantía de que se lo había contado Gloria, que estaba en contacto con todas las mujeres de los futbolistas.

Horacio después recibió otra noticia. Le presentaron a una persona, conocida de Bilardo, y el doctor le dijo: "Él te va a ayudar. Ya tenés todo organizado. Te vas con él hasta Madrid y hoy a las 21 te tomás un avión para la Argentina. Andá y conocé a tu hijo".

TROGLIO, UN ADMIRADOR

Pedro Troglio es uno de los grandes discípulos de Bilardo, nunca tuvo temor de confesarlo y reconocerlo aun siendo jugador y técnico de Gimnasia, rival histórico de Estudiantes. Pedro contó que "Carlos se enojaba cuando yo decía que era, yo no podía decir que jugaba de 8. Vos sos volante me decía, no te tenés que encasillar".

Una más de Troglio con el Narigón: "Un día se ve que algo habré dicho y no le gustó porque una mañana en Trigoria no había entrenamiento, pero a las 7 de la mañana me despierta el profe Echeverría y me dice te espera Carlos en la cancha, la ropa está en el vestuario. Voy y estaba solo la ropa mía. Me cambio, llego a las canchas y estaba Bilardo con una bolsa de pelotas. Saca dos pelotas, le pega un puntinazo a una, la tiró a 200 metros y me dice: 'andá a buscarla y traela', yo iba y la traía, se la daba y de nuevo, otro puntinazo, como cuando le tirás a un perro un hueso y va a buscarlo. Así me tuvo como 40 minutos. Cuando me dice ya está, yo le pregunté para qué fue esto y me dice: 'No, no, para trabajar el ida y vuelta'. Yo creo que alguna cagada habré hecho o dicho en una de esas reuniones, seguro pasó por una habitación y habrá escuchado que yo dije alguna barbaridad y dijo: 'Ah bueno, mañana vas a correr como loco".

Troglio también confesó que se veía titular en el debut de Italia 90 con Camerún, pero ni él ni Claudio Caniggia estuvieron en el 11 inicial. "Creo que no nos puso porque nos encontró jugando con la Nintendo. Después de ese partido no jugamos más y con la Unión Soviética, adentro. En ese partido teníamos la orden los volantes que si alguien se iba por las puntas teníamos que ir a buscar al área el centro. En una jugada me quedé y no fui, el centro no lo cabeceó nadie. Viene otra jugada por izquierda y pensé 'Voy porque si no, llego al vestuario y me mata. Tira el centro el Vasco Olarticoechea y salté tan alto que creo que bajé con nieve en la cabeza, le meto el frentazo y cuando vi que la pelota entró fue una alegría tremenda, de lo más lindo que me pasó en la vida. Además, me dije para mí: 'Me zafé del reto de Carlos'".

SU ESTACIONAMIENTO EN EL COUNTRY

En su última etapa como entrenador de Estudiantes, Bilardo tenía un Ford Mondeo gris. Siempre estacionaba en el mismo lugar, de frente al ingreso a la concentración y nadie le podía ocupar ese lugar. Era de su exclusividad.

Ese auto tenía una patente muy particular DGO 586. Un día les aseguró a los periodistas que tenía un signifi-

cado especial, aunque nunca reconoció si era la original o la había mandado hacer. Decía que era la abreviatura de Diego, por Maradona, y que el número marcaba los 5 goles que había convertido su capitán en el Mundial de 1986.

PUNTUALIDAD Y EXIGENCIA

Bilardo era exigente con todos los que formaban parte del día a día, desde los jugadores, médicos, utileros y hasta los periodistas. Nadie se salvaba. Una mañana la práctica estaba pautada a las 9.30 en City Bell, pero no se trabajó en la cancha principal que está al lado de la concentración, sino en una del fondo.

Llego como todos los días para el inicio, pero me demoré unos minutos en llegar desde el estacionamiento hasta el lugar del trabajo. Como a 100 metros noto que para el entrenamiento y empieza a gritar "Fanjul, Fanjul" (me llamaba siempre por el apellido) y señalando el reloj me dice: "5 minutos tarde, no podés y si te perdiste algo importante". Obviamente me puse colorado como un tomate y nunca más corrí el riesgo de una demora.

FÚTBOL CON LOS PERIODISTAS

Un sábado de concentración invitó a los periodistas a jugar al fútbol a las 4 de la tarde. Al otro día el equipo ganó y los partiditos pasaron a transformarse en una costumbre. El negro Héctor Enrique jugaba siempre, el Vasco Olarticoechea era otro de los habitués y para el equipo del Doctor jugaban los médicos del plantel, algunos dirigentes, Miguel Lemme, su ayudante, utileros, empleados, el Bocha Flores, Verón padre, Guillermo Trama.

El árbitro era siempre el Tata Brown, una especie de William Boo de Titanes en el Ring, cobraba siempre para el mismo lado. El equipo del Doctor no podía perder, hasta que no ganaba, por las buenas o por las malas, el partido no terminaba por más que ya no hubiera ni un poquito de luz.

Ponía, si era necesario, algún jugador de más ante el menor descuido, incluso alguno del plantel para que definiera si la cosa venía pareja. Además, Carlos tenía que hacer al menos un gol. Un día nos propusimos con los colegas que se lo teníamos que impedir.

Bilardo ya no daba más de cansado y estaba "peleado" con el arco, pidió el cambio, pero se dio cuenta de que faltaba su gol cuando ya se estaba cambiando de ropa fuera de la cancha, volvió en calzoncillos al ver que la pelota estaba en el área, le cayó la pelota, metió su gol entre risas y más risas, y el partido pudo terminar.

UN PARTIDO MUY ESPECIAL

El sábado 3 de abril del 2004 no fue un partido ni un sábado más. Bilardo siempre nos decía que iba a llevar a Diego. Nunca le creímos. A la hora señalada empezamos a llegar a City Bell y al bajar del auto, la sorpresa. A lo lejos vimos una figura inconfundible. Estaba Maradona y no eran momentos de celulares con cámara.

Diego estaba muy excedido de peso, el rumor corrió y el Country se llenó de curiosos. Jugamos con Maradona y con público. El 10 estaba de buen humor, saludó uno por uno. El partido comenzó, le cometo una infracción muy leve a Verón a 5 metros del área y el increíble Tata pitó penal. No había discusión posible y menos VAR.

La pelota la tomó Diego, obviamente, y la colocó pegada al palo derecho de Facundo Aché, arquero de los periodistas. Lo más curioso de todo es que se trató de la previa de un clásico que se jugaba el domingo en el Bosque ante el Gimnasia de Griguol. Más que regalo a los periodistas, Bilardo buscó, con la presencia de Diego, relajar a sus jugadores en la concentración, sacarles la presión de un partido tan importante. Maradona habló con todos, los arengó. Esa vez, el entrenador del Lobo, "jugó" para Estudiantes. Fue 2 a 2.

CLÁSICO, MUCHO CALOR Y DUCHA FRÍA

Después de la visita de Diego, llegó el domingo del clásico. A pesar de ser en abril, un calor infernal, arriba de los 30 grados. Cancha colmada. La buena onda de Bilardo y Griguol, dos alumnos de Zubeldía, se trasladó a la manga de salida. El Viejo esperó al Narigón y le dio su clásica palmada en el pecho, típica a sus jugadores, que despertó la carcajada del técnico estudiantil.

El juego fue claramente favorable a Estudiantes en los primeros 45 minutos. Pudo ser goleada, pero solo se fue al descanso con un 2 a 0, después de un golazo de Pelusita Cardozo de media distancia y otro del Chelo Carrusca de penal. La tarde pintaba para fiesta en el Bosque.

Hacía tanto calor que Bilardo tuvo una idea que no fue para nada buena. Les pidió a los jugadores que se dieran una ducha fría. El equipo ya no fue el mismo, se relajó. Gimnasia llegó al 2 a 2 y si el partido duraba 5 minutos más lo perdían, confesaron varios jugadores: El baño frío "nos mató".

El propio Héctor Baldassi, juez de aquel clásico, contó que: "Fue un clásico muy lindo, un día de tremendo calor. Yo estaba tranquilo porque en el banco había dos entrenadores como Bilardo y Griguol, que siempre fueron muy respetuosos. En el primer tiempo Estudiantes borró de la cancha a Gimnasia. En el segundo noté algo raro, parecían dos equipos diferentes, me acerco a un jugador de Estudiantes y le pregunto qué les pasaba y me dijo: 'Carlos nos hizo bañar con agua fría, nos relajamos y no nos podemos mover' ".

FARÍAS, UN AUSENTE MUY PARTICULAR

El Tecla, figura y goleador del equipo del Narigón, tuvo una lesión muscular en la previa del gran partido de la ciudad. En el campamento tripero estaban convencidos que era una maniobra de Bilardo para confundir y despistar, pero la lesión era real.

Toda una semana muy particular. Farías confesó que Bilardo lo agarró y le dijo: "¿Y si te meto?" "Carlos, no puedo moverme, estoy desgarrado". El DT continuó con su estrategia, lo hizo concentrar, viajó con el plantel y una vez instalado el plantel en la cancha de Gimnasia el juego del misterio continuó. Farías se tuvo que cambiar, la puerta del vestuario se mantuvo abierta todo el tiempo para que periodistas y la gente del lugar viera que el Tecla estaba listo.

Bilardo se asomaba y mostraba su sonrisa pícara, no paraba de hacer gestos y de hablar con Farías. Hasta que llegó la hora de confirmar los equipos y el pibe de Trenque Lauquen nunca apareció en la nómina.

PARA TRABAJAR NO HAY HORARIO

La anécdota la contó Gonzalo Klusener, delantero formado en las juveniles pincharrata y que fue parte del último plantel que dirigió el Doctor: "Cuando volvimos de la pretemporada en Mar del Plata, Bilardo estaba desesperado pidiendo delanteros y no se los traían. Un jueves, después de un doble turno en el que terminamos 'fusilados', me dijo: 'Ruso, hoy a las 22.30, ya cenados, tienen que estar acá con Eloy (Colombano) y (Dante) Senger'. Así que como las 19, después del entrenamiento, nos fuimos a la pensión y a eso de las 22.20 nos volvieron a llevar a la cancha. Nos preguntábamos con qué nos saldría este (por Bilardo). Llegamos a la puerta de la concentración y al ratito cayeron en un par de autos Bilardo, Brown, Lemme y el preparador físico Octavio Manera. 'Vengan, entren. Vamos a ver por la tele el partido entre River y Racing', nos tiró. Ese día jugaba la Gata (Gastón) Fernández, que había pasado de River a Racing, e hizo un gol. En el primer tiempo nos fue marcando los movimientos de los delanteros y, cuando llegó el entretiempo, nos mandó a cambiar al vestuario. No entendíamos nada. Cuando llegamos estaba la ropa, con los botines abajo. '¿Botines?', le preguntamos al utilero. 'Sí, el Doctor pidió que se los dejara›, respondió. Nos cambiamos y volvimos a la oficina. ‹Siéntense. Vemos el segundo tiempo y después vamos a entrenar›, comentó Bilardo. Nos miramos con los chicos y pensábamos que estaba loco. A la medianoche no había una cancha iluminada para entrenar. Nos llevó a una punta del Country, en el que apenas se veía, entramos en calor y después los paró a Lemme, al Tata y al profe en una línea de tres, para enseñarnos cómo teníamos que movernos y sortear una defensa con esa disposición. ¡Eran las 12 de la noche! Estuvimos como una hora y pico ahí, y él enseñándonos cómo levantarles la pelota a los defensores a la altura de las rodillas, y no por los costados, para superarlos y que nos cometieran penal. Creer o no creer, pero siempre trabajando.

NI LA PRIMERA NI LA ÚLTIMA VEZ

Época donde las concentraciones eran un clásico, tanto para el cuerpo técnico como para los más chicos del plantel, y en especial los solteros. Así como había salidas "recreativas" el trabajo podía aparecer en cualquier momento. Octavio Manera, hijo de Eduardo y profe en su última etapa de entrenador, contó que una noche de Copa Libertadores del Boca de Carlos Bianchi reunió a los delanteros y empezó: "Mirá como se mueve este, para dónde va el otro", y así con cada detalle.

A las 12 de la noche terminó el partido y le preguntó a Pocho, el utilero que se concentraba con nosotros ¿Hay luces en la cancha? "No Carlos, en la 1 no, en las canchas de atrás sí, pero no se ve mucho". El Doctor dio las órdenes: "No importa, andá y prendelas, dale ropa de entrenamiento a los chicos. Vos profe movelos un poquito y después hacemos dos o tres cositas".

Manera recordó: "Estuvimos una hora y media. Eran como las 2 de la mañana y dijo: 'Basta, a dormir'. Esos chicos a la mañana no trabajaron con el resto y descansaron. Así eran todos los días".

CON LA MÚSICA A OTRA PARTE

La historia tiene como protagonista al Estudiantes del 75. El Torneo Nacional tenía como protagonista principal al equipo de Bilardo. Faltaban dos fechas para el final y el Pincha marcaba el camino, con un punto de diferencia sobre el River de Ángel Labruna. Los partidos se jugaban en cancha neutrales y esa noche el José Amalfitani era el escenario designado.

Una de las costumbres era que un muchacho, que vivía en las cercanías de Rosario, hincha de Estudiantes, se subía al micro en la concentración de City Bell, tocaba la guitarra y cantaba. El joven entretenía al plantel y aportaba su cuota de buena suerte. Se subió una vez, el equipo ganó y la situación se tenía que repetir en cada viaje.

Uno de los protagonistas de ese equipo confesó que esa tarde el guitarrista de la buena suerte se le ocurrió mencionar que iba a tocar una canción de "...." , y Bilardo al escucharlo se volvió loco. No podés decir el nombre de ese mufa. El micro iba por Avellaneda, le pidió al chofer que se detuviera e hizo bajar al músico, no lo quiso más. El Doctor continuó con su locura, y pidió buscar una iglesia.

Eran más de las 7 de la tarde y el partido se jugaba a la 9, época en que no había autopistas. "Paramos en el Sagrado Corazón. Bilardo nos hizo bajar a todos. Golpea para que abran y el cura no estaba. El malhumor del Narigón no se podía creer. Llegamos al estadio, ponía las cartulinas para repasar la pelota parada y se le caían. Decía hoy perdemos, hicimos todo mal".

Conclusión: River ganó 1 a 0, el Pato Fillol confesó con el tiempo que esa noche hizo la mejor atajada de su vida al sacarle una palomita a la Bruja Verón, Carlos López pegó un penal en el travesaño. "Perdimos el partido, volvimos al Country y la calentura no se le pasaba. Se nos escapó el campeonato por un punto".

LECCIÓN DE ANATOMÍA

Carlos en la última función que cumplió dentro de la estructura de la Asociación del Fútbol Argentino como director de selecciones nacionales compartió muchos años con Lionel Messi. En una de las tantas entrevistas que le hice, esta fue en Radio Gol de La Plata, le pregunto por el 10 del Barcelona y la respuesta nos dejó con la boca abierta: "Messi, un fenómeno, tiene un hueso más en el tobillo, desafió las leyes de la anatomía. Es increíble lo que hace, lo mueve de una manera sorprendente, no sabés para donde va a salir".

ESTADIOS Y TV... UN VISIONARIO

En una de sus tantas visitas a La Plata a fines de los 80, después de haberse consagrado campeón del mundo en México estaba instalado el tema que algunos en Estudiantes querían remodelar el viejo estadio de la calle 1, sueño que muchos años después se hizo realidad.

Pero lo concreto es que Bilardo, mirando más allá, prediciendo el futuro me contestó: "Está muy bien la idea, pero no tiene que ser una cancha muy grande, deben pensar en no más de 40 000 espectadores, porque la televisión es el estadio del futuro". Una vez más Bilardo tuvo razón. La tele se transformó con el correr de los

años en la dueña del fútbol y cada sillón del *living* de una casa se transformó en una platea vip.

VIDEOS Y MÁS VIDEOS

Sergio Batista, uno de los mimados del Doctor, tiene mil anécdotas para contar: "Él siempre nos decía que si aparecíamos cinco en el plano de la cámara era que el equipo estaba bien parado y no había nada que preocuparse. Un día en una concentración nos llama a la habitación, agarra el control y pone un video. Nos mira y le pone pausa. '¿Qué pasa?' Miro y no veo nada raro. Le digo que está todo bien. Insiste y me dice: 'Mirá bien'. Yo veía que éramos cinco y de reojo miro al Gringo Giusti y me marca que Caniggia se estaba acomodando la vincha. Ahí Bilardo nos dice eso: 'No se puede acomodar la vincha', nos responde. Mirá si robamos la pelota y salimos rápido de contra este está distraído'. No se le escapaba nada".

Siguiendo con los videos en su última etapa de técnico en Estudiantes tampoco perdía detalle. Marcelo Carrusca contó que un día, de las tantas horas que pasaban concentrados, los llevó al comedor donde tenía la tele y la video y les para una jugada. "Nos preguntaba que veíamos mal. Nosotros nos mirábamos y no veíamos nada raro. Era un tiro libre para nosotros, estaba parado yo y José (Sosa). Hasta que abre los brazos y dice: 'Estás con los brazos en la cintura, no podés, así todos se avivan que vos no vas a patear".

EL TECLA FARÍAS, UNO DE LOS MIMADOS

Fue el goleador de su última etapa como entrenador, el ídolo de los hinchas. Hizo los dos goles el día del regreso del Doctor ante Talleres en la cancha de Gimnasia para el triunfo 2 a 1, y en la fecha siguiente metió otros 2 en Bahía Blanca en la igualdad con Olimpo 2 a 2.

El Tecla cuenta una anécdota insólita, imperdible: "Un día estábamos en la concentración del Country, eran como las 11 de la noche, me llama y me dice: 'Vamos al estadio'. No había nadie en la calle, llegamos enseguida, le hizo abrir al intendente el vestuario y me hizo orinar los dos arcos. Lo miro y me responde: "Ya está vos tranquilo, mañana ganamos".

Los días de los partidos en La Plata me hacía orinar en un vaso y se repetía la ceremonia de tirar el pis en los dos arcos. Lo más gracioso es que la historia tenía que repetirse de visitante. En el entretiempo de la reserva entrábamos a mirar cómo estaba el campo y con el vasito hasta cada uno de los arcos.

UNA VISITA IMPENSADA

Otra vez Farías el protagonista. El goleador tenía una lesión muscular. Una noche, ya tarde suena el timbre de su departamento. "No hago caso, estaba durmiendo con mi señora, pero insistía". Había mandado al Tata José Luis Brown, uno de sus ayudantes, que vivía cerca para hacerle una visita al capitán del equipo.

El Tata llamó al Doctor y le dijo: "No atiende". La respuesta fue: "Vos insistí". El hombre de Ranchos hizo caso

y cerca de las 3 de la mañana, ya cansado de escuchar el timbre Farías atendió. Escuchó con sorpresa: "Soy el Tata, pasame con Araceli que Carlos quiere hablar con ella".

A partir de ese momento la esposa del delantero recibió una lección de sexología y de cómo tenía que hacer el amor para no perjudicar a su marido.

EXPERTO EN BOLICHES

Bilardo conocía los movimientos de todos sus dirigidos. Los domingos a la noche en La Plata el viejo Macondo era un lugar concurrido por varios futbolistas, pero había uno muy especial en Quilmes donde, por ejemplo, una vez fue sorprendido Abel Herrera, un emblema del Pincha.

El lateral, más conocido como el Titi, recordó: "Se venía un partido con Racing un viernes. Nos dice: 'Vayan a dormir, que jugamos por televisión'. Intuyó algo, yo una noche me fui a ese lugar y se me apareció a las 3 de la mañana. Sabía los movimientos de todos. Y qué hizo. Me sacó del equipo. 'Si te perdono me la hacés otra vez', fue la respuesta. Hay que dar el ejemplo. Nos apoyaba, pero era inflexible, hablaba con la familia, sabía si teníamos un problema, un gran tipo, al que no se le escapaba nada".

Otro caso similar lo vivió Miguel Reguera, integrante del subcampeón del Nacional del 75. Su anécdota no tiene desperdicio. "Habíamos goleado a Racing un día de semana. En el vestuario me encara y me dice, te vas a dormir, tenés que descansar. Me voy a mi casa en Quilmes y yo había arreglado encontrarme con una chica en un boliche que nos conocían y teníamos cierta privacidad. Yo le tenía que avisar que no podía ir, pero en esa época no había celulares. Digo tengo que ir, no puedo quedar mal. Me cambio y voy. Una vez en el boliche me entusiasmé y me quedé un rato. De pronto me tocan el hombro, me doy vuelta y era Carlos Bilardo. Me quería morir. Me dice: 'Vamos'. Llegamos al estacionamiento y me había cruzado el auto detrás del mío. Miro y tenía sentado a mi papá en su auto, pero lo más gracioso, lo había sacado en calzoncillos. A la mañana se entrenaba, porque viajábamos a Paraguay a jugar un amistoso con la selección. Nos reúne a todo el plantel antes de comenzar la práctica y me mandó al frente. Pregunta: 'Descansaron bien'. Todos responden que sí. Y dice con los ojos clavados en mí. 'Muy bien, pero el señor que es el capitán del equipo no lo hizo, no dio el ejemplo'. Se dio media vuelta y empezó a trabajar. Todos se reían. Viaje, pero me sentó en el banco y no me puso".

ENTRENAMIENTOS MUSICALES

Bilardo y sus locuras. En su última época en Estudiantes puso en funcionamiento viejas prácticas. Un día les dijo a los jugadores que al día siguiente llevaran la música que más les gustaba. Todos se miraron y cumplieron con el pedido. A las 9, con rigurosa puntualidad, el Doctor estaba instalado en una de las canchas del fondo del Country, con un equipo de audio. Los grupos se dividieron por tandas y empezó el *show*.

Los responsables de la pelota parada elegían su intérprete favorito y, hasta que no terminaba el disco, debían practicar y practicar hasta conseguir la precisión. Los grupos variaban por turnos de una hora, pero el que no dejó la cancha ni un minuto fue Bilardo, que solo se hidrataba y comía algo que le alcanzaban. Así hasta las 6 de la tarde sin parar.

"Lo de la música era una excusa, pero como entrenamientos eran espectaculares. Nosotros no nos íbamos más de la cancha, los jugadores estaban en ciclos de 40 minutos. Venían el central y el 5, se trabajaba en la salida, donde se completaba la línea de 4, y así con todos los sectores del equipo", recordó el profe Manera.

TODO POR LOS REFUERZOS

Corría el año 1973 y Boca vino a la carga por el lateral derecho de Estudiantes. Mercado de pases del Torneo Metropolitano. Bilardo iniciaba su segundo ciclo como entrenador en Estudiantes. Había dinero y cesión de jugadores. La operación se hizo en una cifra de 15 millones de pesos (imposible comparar) y dos delanteros: Ignacio Peña y un juvenil, Rubén Horacio Galletti.

Peña, pelo largo y bigote mexicano, llegó y metió 17 goles. Fue goleador del torneo, pero lo curioso de la negociación estuvo en el otro delantero. Bilardo llamó a Ignacio Ercoli, presidente del club, y le dijo: "Usted va, habla con Armando y le pide por este chico, pero hágame caso. Se tiene que equivocar el nombre, para que no se dé cuenta de que lo conocemos bien y lo tenemos estudiado. Dígale ese delantero de la tercera".

Ercoli, un hombre muy serio, lo miró raro, pero no le quedó otra que hacerle caso. Conclusión. Llegó Galletti, se cansó de hacer goles, 80 en dos ciclos de Bilardo como entrenador, fue su máximo artillero y en el medio de las dos etapas lo transfirió al Guadalajara de México en una cifra récord para el momento.

LOS TITULARES SIEMPRE TIENEN QUE GANAR

En las prácticas de fútbol los titulares siempre tenían que ganar, pero hubo un jueves que no podían con Martín Herrera, el arquero del equipo suplente, que atajaba todo. Iban dos horas de fútbol y los titulares no podían convertir. El profe no podía convencer a Carlos de que finalizara el entrenamiento. En un momento dado, Octavio Manera cruzó toda la cancha para hablar con el arquero: "Dejá entrar una, por favor". Hasta que en un momento llegó el esperado gol y punto final.

UN TÉCNICO MASAJISTA

Miguel Reguera tenía una contractura que no lo dejaba moverse. El jugador habló con Tato Tittarelli, médico del plantel y entre los dos enfrentaron a Bilardo: "Carlos no puedo jugar" y el doctor le agrega: "Se va a desgarrar". Un Bilardo muy comprensivo responde: "Está bien, si no puede no puede". Reguera recordó que no lo dejó irse a la casa: "Quedate concentrado, tenés que dar el ejemplo, mañana vemos, andá y descansá".

"Yo dormía en la misma pieza que Pezzano y Frasoldatti. Ya era la madrugada, Bilardo entra a la habitación y me dice vení al consultorio. Hacía un frío terrible, me hizo acostar en la camilla, agarró una lata de durazno, calentó jabón y me empezó a hacer masajes".

Reguera reflexionó: "No lo podía creer, un tipo que había ganado tres Libertadores, que era campeón del mundo, me estaba haciendo masajes a mí. Por ahí me dice: 'Te duele' y le respondo: 'Un poco menos'. 'Bueno, abrígate y vamos a entrenar'. Hacía un frío terrible, casi

no se veía, encendió un farol, trotamos, estiramos hasta que me dijo andá a dormir. Me acosté y me dije: Cómo defraudar a este hombre, me comprometió cada vez más y el domingo jugué y corrí como un loco".

CARLOS, DIJO LA PARTERA

Una de las curiosidades de Bilardo en Cali fue que, como siempre, estaba en todos los detalles. La historia cuenta que Carlos se enteró de que uno de los jugadores de su equipo quería ser padre, pero su mujer no quedaba embarazada. Bilardo habló con la pareja y llevó a la esposa del futbolista a un especialista. En una concentración previa a un partido, la mujer estaba en días de ovulación y el técnico le permitió a su jugador irse a su casa y que pasaran la noche juntos. Resultado positivo, la pareja pudo concretar la llegada del hijo tan esperado y, en agradecimiento, el nene se llamó Carlos.

BILARDO SE QUISO ECHAR

La hoja del almanaque marcaba 15 de febrero de 2004. Primera fecha del Torneo Clausura y Estudiantes recibía a Independiente en el viejo estadio de la calle 1 y el Rojo se despachó con una goleada que en la zona de vestuarios provocó un "sincericidio" de Bilardo. Carlos enfrentó a los periodistas y aseguró: "La culpa de la derrota la tengo yo. Es más, si fuera el presidente del club me llamo y me digo: 'váyase'. Es que cuatro goles así no te pueden hacer, y si te sale todo mal entonces la culpa la tiene el técnico, que en este caso soy yo. Si yo fuera el presidente, me echo".

Los periodistas no podíamos creer lo que decía y siguió: "Después que conseguimos un córner a favor no te pueden hacer un gol, eso es algo que nunca me había pasado. Un gol, bueno, vaya y pase, pero cuatro...".

A Bilardo no lo echaron, ¿Quién se hubiera animado?, pero sí se aplicó un castigo: se encerró en el country de City Bell para "no perder tiempo en los viajes". Allí lo veían los serenos, caminando por las canchas a oscuras después de presentar su programa de radio por teléfono buscando soluciones de madrugada ante un insomnio cada vez más prolongado.

"ES GATOREI, SEÑORITA"

Hugo Orlando Gatti lo criticó sin piedad. El Loco tiró: "Es un tronco y le van a seguir haciendo de a cuatro goles porque vive con el pizarrón. Se puede encerrar 10 años y va a hacer siempre lo mismo. No entiende que el fútbol es diversión, un espectáculo". El Narigón escuchó, no se movió un centímetro de su pensamiento. Y preparó un *show* mediático para responderle y elaborar la anécdota que marcó su último paso por la dirección técnica.

Estudiantes, después de aquel cachetazo con Independiente, tenía que jugar con River en el Monumental y Bilardo pensó en una respuesta muy particular. Así nació la historia del champán. El Tata Brown le alertó que no se podía ingresar con alcohol a la cancha y enseguida mandó a comprar el jugo de manzana. Se hizo con Pocho, el utilero, el cambio de bebida en la botella y se preparó todo en forma minuciosa.

Se consiguió la frapera, las copas, faltaba la mesa y la reposera. Cuenta el profe Octavio Manera que hizo detener el micro a unas pocas calles del Country al ver un kiosco. El propio Bilardo se bajó y pidió prestado los elementos que faltaban. El micro siguió su marcha.

Salió el equipo a la cancha, Pocho acomodó todo y se inició el *show* al que se sumó Héctor Baldassi, que no pudiendo contener la risa, trataba de convencer a Bilardo de que el partido así no podía comenzar. Termina el primer tiempo, los jugadores al vestuario y aparece el Profe a los gritos: "Se quieren llevar preso a Carlos".

Todos volvieron al campo, se labró un acta de contravención y Bilardo a *full*: "Usted está equivocá señorita (le decía a la fiscal). Yo no soy ningún Carlitos, esto no es bebida alcohólica, es gatorei".

El cordobés Baldassi recordó aquel momento: "Un empleado del club, cuando me trae las planillas firmadas al vestuario, me cuenta lo que estaba programando Carlos. Le pido por favor que no vayan a entrar con alcohol. Me dicen: 'Quedate tranquilo que está todo en orden'. Después vino la fiscal y tuve que pedirle por favor que lo dejara trabajar y que el acta se la labrara después del partido".

La historia no terminó ahí. En el final de la tarde nos llamó a los periodistas que estábamos en el día a día y nos pidió que fuéramos al Country. Ahí mostró las botellas y que el champán había quedado guardado en City Bell.

EN PAMPA Y LA VÍA

Los días previos a los partidos después de la siesta Bilardo, el cuerpo técnico y todos los jugadores iniciaban una caminata desde la concentración hasta una vía que quedaba cerca, en realidad, no tan cerca, porque se tardaba una hora. Al equipo después de esa primera vez le fue bien y había que respetar la rutina.

Claro que el tramo a recorrer era largo, pero no se podía, por nada del mundo, abandonar ese "paseo" hasta las vías. El Doctor tuvo una idea, consiguió un soldador y en una de las caminatas se dio cuenta de que había un pedazo de vía muerta, que no servía. Ahí decidió cortar un pedazo y llevarlo hasta un punto más cercano. La caminata continuó religiosamente, pero ya no quedaba tan lejos la vía.

LA HISTORIA DEL TRAJE

Cancha de Independiente, Bilardo había decidido que no iba a salir al campo de juego en ese torneo. Llegó al estadio y lo confirmó al bajarse del micro.

Antes de repasar los últimos conceptos de la charla técnica, en la antesala del vestuario visitante sonó su celular. Era su hija Daniela, le dijo que cuando ella no estaba bien preparada para rendir un examen, él le decía que se tenía que presentar igual. Carlos solo escuchaba mientras el plan para que el traje llegara a la cancha estaba diagramado.

No respondió, cortó el teléfono y volvió a sonar tres veces más. No atendió, se metió al vestuario, dio la charla y, pocos minutos después, Ezequiel Manera llegó en un taxi al estadio con en traje en una bolsa. El tema era que tampoco lo podía ver antes de los partidos. El Doctor se cambió. Y a las 15.23 el capitán Farías encabezó la salida del equipo. Bilardo apareció último y fue recibido por un coro de insultos en una cancha donde lo querían bastante poco. En la otra tribuna, los hinchas albirrojos deli-

raron al verlo y, una vez más, otras generaciones, pero la misma sangre volvió a jurarle amor eterno.

Para colmo diluviaba, el Doctor terminó empapado, pero su tribuna deliró al verlo. Y ahí se cruzó con Ruggeri, la única vez que se enfrentaron y el Cabezón le ganó.

EL DOCTOR ERA CREYENTE

En el 82 Bilardo construyó un equipo que hizo historia y que le sirvió de trampolín para llegar a la selección. El trabajo, las concentraciones eran sagrados, pero Carlos tenía una costumbre o varias. Todas las semanas tenía que viajar a Luján. Se subía a su auto, siempre con la misma remera, y se iba a visitar a la Virgen. Estaba un rato y pegaba la vuelta.

SABÍA TODO

En esa tercera etapa como entrenador del Pincha tenía un plantel con jugadores de edad diversa. Cuenta Julián Camino que los más pibes se juntaban una o dos tardes a la semana a jugar al pool: "Todo muy tranquilo, nada raro". Un día vimos entrar a Bilardo, dijimos: 'Sonamos, se pudrió todo', pero nada que ver. Nos miraba, nos dijo: 'Jueguen tranquilos y después se vienen a cenar con nosotros'. No se le escapaba nada. Sabía lo que hacíamos todos".

¿UNA PRÁCTICA O UN CLASE DE TEATRO?

Todo parecía normal, aunque con Bilardo siempre había que estar atento a alguna sorpresa. La primera parte de su última etapa como DT había empezado de buena manera, pero después el equipo había entrado en una meseta de malos resultados y no podía salir. Carlos casi que vivía en City Bell con los más chicos del plantel.

Y estaba preocupado. Cuando no se estaba en el campo trataba de generar actividades para que todo fuera más llevadero. Un día convocó a un profesor y dio una clase de teatro. Era jueves y había práctica de fútbol. Bilardo salió a la cancha primero, como siempre, luego llegaron los jugadores, entrada en calor y llamó a todos a la mitad de la cancha. Repartió las pecheras. ninguna de color verde obviamente, 11 para un lado y 11 para el otro. Sonó el silbato del Narigón y todos nos quedamos mirando, periodistas, algunos hinchas y los jugadores. Faltaba algo esencial. No había pelota.

Pablo Lugüercio, uno de los más mimados de ese tiempo por Bilardo, rememoró aquella práctica tan especial: "Nos dice: 'Jueguen', estábamos con el Tanque (Mariano Pavone) para sacar del medio y no entendíamos nada. Al principio nos reíamos, pero la cosa iba en serio. Había que pedir la pelota, simular que la teníamos, movernos y hasta definir ante la salida del arquero. Fue increíble. Todo lo hicimos con una pelota imaginaria, nos daba vergüenza hasta que empezamos a actuar. Todo muy tímidamente. Vení, pico a la derecha, tocala, andá. Fue algo muy acertado". Pavone también aportó datos de aquel entrenamiento: "Al final nos soltamos, terminó siendo divertido. Después que terminamos nos dijo que había visto un equipo que no tenía comunicación, que no se hablaba en la cancha y que buscó eso. Un fenómeno, un personaje hermoso. Fue algo que nos dejó marcados".

EL TATA Y LA FINAL DE MÉXICO

El Tata Brown y Bilardo recordaron una y mil veces la lesión que para cualquiera hubiera representado dejar la cancha ante Alemania. El hombre de Ranchos, en una de las tantas charlas que mantuvimos, dijo: "Me volví loco, más que con el dolor que tenía en el hombro, fue con el gesto que le vi al doctor Madero cuando estamos saliendo del campo. Con el dedo le hizo una seña al banco y dijo: 'Ojo'. Yo pensé: 'Me sacan y mató a alguien' ".

Bilardo sobre el tema expresó: "Bron (por Brown) fue criado así. No hay dolor, si no hay fractura tenés que seguir". José Luis agregó: "Se distrajo y me metí en la cancha, mordí la camiseta, le hago el famoso agujerito, calcé el dedo y seguí. Cómo hacés para salir en una final del mundo".

BILARDO Y EL FÚTBOL FEMENINO

En su última época de entrenador de Estudiantes, el fútbol femenino comenzaba a tener un desarrollo. Las chicas se acercaron al Doctor y este los hizo entrenar con el equipo principal. En una práctica de fútbol de 11 contra 11 empezó a poner de a una para el elenco de los suplentes y los titulares, con sumo respeto, no decían nada y cada vez tenían una oposición mayor. En un momento el DT para las acciones y a los gritos empieza: "No van a decir nada, están jugando contra 14 y no son capaces de quejarse". Hoy en día algunas de aquellas chicas siguen ligadas al femenino del club en otras funciones y recuerdan con enorme cariño al Narigón.

EL HIJO DE KRUPO

El tucumano Juan Krupoviesa contó el día que nació Faustino, su hijo que: "Estábamos concentrados para jugar con Nueva Chicago y mi señora me llama para decirme que había roto la bolsa y se iba para la clínica. Llamo al profe Octavio Manera para pedirle permiso para irme. Me dice: 'Pará que le digo a Carlos'. 'No, por favor, no me va a dejar ir', le digo. El profe me insiste en despertarlo para evitar un reto mayor. Viene Carlos y me dice: 'Para que tenga familia van a pasar 4 o 5 horas, andá más tarde', pero se arrepintió y llamó al médico: 'Acompañalo y buscale una habitación para que pueda dormir, porque si se queda acá no va a descansar'. Nos vamos, obvio que no dormí, nació el nene y volvimos al Country. Eran como las 6 de la mañana. Me estaba esperando en la puerta, me felicita y me mandó a dormir. 'Vos descansá y tus compañeros te van a ir a despertar'. Nos vamos para la cancha, juego, pero yo estaba en otra y en el entretiempo me sacó".

VIAJES MUY ESPECIALES

El chofer del micro se equivocó de calle en una rotonda y, para retomar el camino, dio marcha atrás y se llevó por delante un poste de cables telefónicos. El equipo ganó y Bilardo había tomado nota. A la semana siguiente le pidió al conductor que hiciera lo mismo porque había que respetar cada movimiento. En otra oportunidad se rompió el ómnibus y no había tiempo para esperar otro. Bilardo se paró en el camino y comenzó a parar autos que iban para la cancha, así, de a grupitos, ubicó a todo el plantel. El equipo consiguió un nuevo triunfo y a la sema-

na siguiente, a pesar de que el micro estaba sano, repitió la acción porque había dado buenos resultados.

JUGADORES ESPECIALES

Carlos estaba en todos los detalles, a todos los jugadores les hablaba, pero con algunos tenía una debilidad, tal vez por ser los más chicos, como el Chelo Carrusca y José Sosa, que era el más joven. En las prácticas se paraba al lado de ellos y les hablaba todo el tiempo, estaba pendiente de cada movimiento que hacían porque eran los que debían aportar algo distinto al equipo.

PODRIDO CON EL BILLAR

Daniel Romeo cuenta que es un fanático del billar. Se había llevado a la concentración del Country un taco muy bueno para jugar: "Me encantaba jugar y en la concentración teníamos una mesa en un salón donde había una estufa hogar y después de la cena nos quedábamos con Juan (Verón) y Bocha (Flores) jugando un ratito antes de irnos a dormir. Estaba cerca de la pieza de Carlos y lo volvía loco el ruido. Un día me descuidé y me tiró el taco al fuego, me lo quemó, lo quería matar".

LAS HEMORROIDES Y UN CULPABLE

Un mediodía en City Bell, cuando parecía que se había visto todo, pero no, siempre había lugar para alguna sorpresa. Estábamos, como siempre, algunos periodistas aguardando una de las charlas diarias con el Doctor, también estaba el directivo Eduardo Abadie y pasó Marcos Gelabert. Ahí Bilardo salió despedido de su oficina y a los gritos empezó: "Pampa, pampa...". El jugador se dio vuelta y, ante la sorpresa de todos, el Doctor se agachó, se bajó los pantalones y mostró lo que nadie quería ver: "Estas hemorroides son culpa tuya porque no largas la pelota". Sorpresa, risas y es verdad, aunque difícil de creer.

El propio Pampa Gelabert contó la historia y recordó: "Me quería morir, no daba más de la vergüenza. Todo pasó porque en un partido se me ocurrió tirar un caño en nuestra área y salí jugando, aunque casi la pierdo. Ahí nació esa historia".

Lo más curioso pasó en una gira de la selección por Suiza, donde yo estaba jugando. Sabía que Carlos estaba con el cuerpo técnico de Sabella. Los voy a saludar al hotel y ahí me llevo la sorpresa. Estoy en el *lobby* y veo que aparecen el Pocho Lavezzi y Javier Mascherano, y empiezan a gritar: 'Ahí está el de las hemorroides'. Insólito, no sabía dónde meterme".

MARCA AL PRESIDENTE

"En la selección no había amistosos, había que ganar siempre, pero el colmo fue en un partido a beneficio. Vino a jugar el presidente Carlos Saúl Menen y se puso la 5.

Vino Carlos y me dijo: 'Hoy jugá distinto, parate al lado de él y estate atento porque se la van a quitar y nos van a generar problemas defensivos. No podemos perder. Yo me reía, pero cumplí sus órdenes. Era un partido a beneficio. Increíble'. La anécdota corresponde a Pedro Troglio.

EL CASAMIENTO DE DIEGO

El 7 de noviembre de 1989 se casaron Diego Maradona con Claudia Villafañe y lo celebraron con una mega fiesta en el Luna Park. Bilardo, obviamente, estuvo en los detalles, pero pensando en su equipo y en lo que se venía para el Mundial de Italia. La historia de Ruggeri bailando al lado de Gareca para medir la estatura es muy conocida, pero hay otras más ocultas.

Otra vez entra en acción Pedro Troglio. "Yo estaba jugando en Italia. Llego a la mañana a Ezeiza y me vienen a buscar familiares para ir hasta Castelar a la casa de mis viejos, que mi papá estaba preparando un gran asado. Yo feliz y por ahí veo que se acerca entre la gente el Narigón. Me saluda y me dice: 'A las 5 entrenamos en el Monumental'. Le respondo que era la fiesta de Diego a la noche y me contesta: 'Sí, sí, pero a la noche. A las 5 hacemos un entrenamiento'. Obviamente no le podía decir que no, fui hasta Castelar, estuve un ratito con mis viejos, comí muy poquito y a entrenar".

Macaya Márquez confirma la historia y contó: "Carlos estaba muy influenciado por Osvaldo Zubeldía, que estaba en todos los detalles, no había que perder un solo entrenamiento por más que cayeran rayos, siempre buscaba un esfuerzo superior, dar un poco más. Había que aprovechar todo. Los jugadores entendían de qué se trataba y el que no lo hacía escuchaba y trataba de entender hasta que lo lograba".

UNA DE TITANES

Miguel Ángel Lemme fue muy amigo del Ancho Rubén Peucelle, uno de los luchadores emblemáticos de Titanes en el Ring, la troupe de Martín Karadagián y hasta se metía en algún ensayo. Tanto es así que el mediocampista contó una historia risueña y simpática: "Yo estaba tan metido con los titanes que a veces en la concentración estaba con un enterito de los que usaban ellos y que me habían regalado. Y, además, me ponía una musculosa roja y cantaba las canciones. Un día era la hora de irnos a la cancha y Carlos no me dejaba viajar así vestido, no le gustaba, decía que no estaba bien. Yo me demoré y el micro, por orden del técnico, arrancó a la hora señalada como correspondía. No me dejó subir y a medio cambiarme empecé a correr porque me dejaban en City Bell. Corría y me cambiaba. Hasta que casi a una cuadra, y antes de llegar al portón, logré subirme. Bilardo enojado y mis compañeros no paraban de reírse".

UN VIAJE "MUY ESPECIAL"

Corría el año 2004, la FIFA organizaba una mega fiesta por su centenario y el Doctor lanzó un sorteo en su programa *La hora de Bilardo* para que uno de sus oyentes viajara con él y participara de la celebración. El ganador fue Julio Lozano, abogado platense, fanático de Estu-

diantes y del Narigón que trabaja en Tribunales; el propio protagonista cuenta una historia muy particular:

"Yo había mandado un mail al programa, que escuchaba casi todas las noches, y un día, al llegar a casa, prendí la computadora y me encontré con la sorpresa. Me decía que me comunicara a La Red que había sido el ganador. Llamo y nadie tenía en claro nada, hasta que me dicen que tengo que mandar unos datos y que tenía que ir una noche al programa. Yo tenía que arreglar en el trabajo, no sabía si tenía que pagar algo o no, todo una locura, hasta que un día me dan precisiones. Bilardo lo único que me dijo fue que llevara un abrigo y zapatos de goma, porque en Zúrich hacía mucho frío. Viajamos con él, su contador y Miguel Dalasio, que fue mi compañero de pieza. Compartimos poco más de una semana. Alquilamos una Van y a mí me hicieron sentar al lado de Carlos, fui su copiloto. En realidad, los demás sabían lo que me tocaba. No era época de GPS, Bilardo me dio un mapa y me piudió que lo guiara. El primer día salió todo bien y no se cambiaron más los lugares. Estuvimos en un hotel cerca del aeropuerto. Un día fuimos con Carlos, que tenía una reunión, y lo acompañamos. Era un hotel superlujoso. Nos dijo: 'Si alguien pregunta, ustedes dicen que estamos alojados acá'. Todos los días era una sorpresa. A la noche él hacía su programa por teléfono desde el hotel y yo tenía que contar lo que habíamos realizado en cada jornada. Conocí a gente que jamás me hubiera imaginado, a Platini, Beckenbauer, Bobby Charlton y a Blatter, a quien no reconocí la primera vez que lo cruzamos. Bilardo era conocido por todos. Me presentaba: 'Él es Julio, el técnico de Estudiantes'. Yo no entendía nada: Una de las cosas más curiosas pasó con Julio Grondona, que me dijo: 'Vos sabés que Bilardo está loco. Solo él puede hacer esto, traer a la fiesta de los 100 años de la FIFA a una persona que no conoce. A nadie más se le puede ocurrir una cosa semejante. La verdad fue un viaje increíble, que jamás olvidaré. Es otro mundo, lleno de lujos y yo estuve ahí gracias a él".

Otra de las curiosidades que contó Julio tuvo epicentro en el museo del estadio San Ciro: "Es un museo increíble, había un lugar destinado al partido del año 69 entre Milan y Estudiantes, y también un espacio del partido que la selección jugó en el Mundial del 90. Pero ahí se puso como loco, llamó al encargado y le dijo que eso estaba mal, que esa no era la camiseta del equipo que él había dirigido ese día. Pidió que la sacaran y que les iba a mandar la original. El tipo, al reconocer que era Bilardo, no sabía dónde meterse, le pidió disculpas y le devolvió el dinero de las entradas".

Lo curioso de esta historia es que Julio, después de ese viaje, nunca más volvió a encontrarse con Bilardo, pero de esos días no se olvidará jamás.

UTILERO 24 POR 24

Rubén Mazzina, o simplemente Pocho, es el utilero de Estudiantes desde hace muchísimos años. Llegó al club de la mano de Patricio Hernández, a quien conocía de su época en Banfield. No se fue nunca, sino que se transformó en un Pincha más, y cuando llegó el Doctor vivió una experiencia a pura adrenalina.

"Yo sabía que no le gustaba el verde, y desde el primer día cuidé en no poner pecheras de ese color. Para mí, como para los jugadores, era muy fuerte tener a un campeón del mundo con nosotros. No podía dejar de mirarlo. Ese tiempo prácticamente nuestra casa fue el Country, porque él no se iba casi nunca y no le gustaba quedarse solo. A mí, al profe Octavio Manera y a Menno, que era la seguridad del plantel, nos llevaba para todos lados".

Pocho continuó buscando en su memoria: "En los entrenamientos no podías distraerte un segundo, porque él estaba atento a todos los movimientos y así había que

estar. A veces dividía el plantel en dos grupos. Uno en la cancha 4 y otro en la zona del golf. Yo tenía un *scouter* en esa época y me decía: 'Pibe, llevame'. Y así estaba, de un lugar al otro, porque quería ver a todos. Con la ropa era muy meticuloso. No quería que se jugara con ropa alternativa, decía siempre 'La de Estudiantes'. Los días de partido nosotros no podíamos usar ropa del club. A la cancha teníamos que ir de jean y camisa. Le preguntamos por qué y nos explicó que, si había algún problema, de esa manera no nos identificaban como gente de Estudiantes".

Rubén siguió desempolvando anécdotas: "Habitualmente me pongo a limpiar los botines de los jugadores, a lustrarlos y después de un partido de lluvia, Carlos había dejado sus zapatos en la utilería. Estaban todos embarrados. Se me ocurrió limpiarlos y dejarlos en condiciones para el próximo partido. Cuando los vio se puso como loco. Claro, habíamos ganado y los quería usar sucios en el próximo partido. Carlos siempre usaba la ropa de entrenamientos con el número 27, decía que era su número de la suerte. Otra de sus locuras era que negaba el día de su cumpleaños. Lo saludábamos y decía que no era, que cumplía en octubre. No le gustaba que lo saludáramos".

Pocho en el museo que tiene en su casa guarda con mucho cariño una de las copas que se usaron el famoso día del "gatorei" y recordó que "me la firmó y la tengo muy cuidada. La otra se la llevó él".

BOCA Y LA GIRA POR CHINA

Nelson Vivas, entrenador alterno de Diego Simeone en el Atlético de Madrid, recordó su época como futbolista de Bilardo en Boca: "En lo personal y a la mayoría del grupo también nos generó una enorme expectativa saber que iba a dirigirnos. Todos los días fue una enseñanza distinta, era aprender lecciones todo el tiempo. Los dirigentes habían organizado una gira por China en el medio del campeonato local y a Bilardo no se le escapaba ningún detalle. Viajamos con traje, pero hubo algo que no le gustó y era la corbata. Tenía el dibujo de un ancla y nos la hizo sacar, porque según él el ancla te hundía".

Con relación al comportamiento en los partidos, Vivas recordó una enseñanza del Doctor: "Nos dijo si hay un rival en el piso y sus compañeros tiran la pelota al lateral para que lo atiendan, nosotros, al devolverla, la sacamos también al lateral, porque si ellos nos dan un lateral, le devolvemos un lateral".

Vivas rememoró que un día Bilardo lo puso como ejemplo y contó que "a diferencia de estos tiempos, era menos común ver a los jugadores con los fisioterapeutas en la camilla tratándose de alguna molestia. Un día llegó enojado y dijo: 'Tanta camilla, porque no hacen como Vivas, que no lo veo nunca en la camilla'. En realidad, a mí nunca me gustó que me masajearan".

CAPÍTULO 5

EL NARIGÓN Y DIEGO

Bilardo y Maradona nunca se habían cruzado en una cancha como entrenador y futbolista, pero Carlos tenía muy en claro en su cabeza lo que quería del 10. El *crack* argentino vivía su época en Barcelona y el propio Diego cuenta su primer encuentro con el nuevo técnico en su libro: *Yo soy el Diego* de Editorial Planeta.

Maradona reconoce que el Mundial de México le empezó a dar vuelta en su cabeza ni bien terminó el de España. Él sabía que era su revancha y en los primeros meses del 83 pasó algo: "Yo estaba en Lloret de Mar, en la Costa Brava española. De joda, nada, estaba recuperándome de la maldita hepatitis que no me dejaba jugar en el Barcelona, acompañado por Fernando Signorini y un médico. Vivíamos en una casa hermosa, pero era solo para las fotos porque nos pasábamos todo el día laburando. Y en eso apareció Bilardo, que ya era el nuevo técnico del seleccionado argentino en lugar del Flaco Menotti. Venía caminando junto con Cyterszpiller desde la casa y hacia la playa. Yo me estaba preparando para salir a correr y el Narigón me saludó, me dio un beso y me preguntó: '¿Tenés un buzo para mí?' Le di uno y me dijo: '¿Puedo salir a correr con vos?' Lo primero que pensé fue exactamente lo mismo que después sentí muchas veces, a lo largo de tantos años de relación: 'Este tipo está loco, este tipo está mal de la cabeza'. La cosa fue que corrimos un rato y cuando volvimos me preguntó: 'Quiero saber cómo estás y también comentarte mis planes para el seleccionado, por si te interesa participar...'. 'Por supuesto. Quédese tranquilo que mi contrato con el Barcelona dice bien clarito que me tienen que ceder para las eliminatorias y también para algún otro partido, siempre que el club no tenga algún compromiso importante', le dije. Y también me preguntó si tenía alguna exigencia económica. La respuesta contundente: 'De eso olvídese Carlos. Yo, por defender la camiseta argentina, jamás voy a hacer un problema".

Diego confiesa otro momento de la charla: " 'También quiero decirte que, si estás de acuerdo, vas a ser el capitán de la selección'. Me quedé duro, pero duro, duro en serio. 'Sos el más representativo', me repitió. Me largué a llorar. Era lo que siempre había soñado ser. Representar a todos los futbolistas argentinos, a todos".

Así empezó una relación, una sociedad muy fuerte para el éxito del fútbol argentino. Tanto fue así que Carlos alguna vez reconoció, a pesar de algunos desplantes y peleas fuertes, que Diego para él fue como el hijo varón que no tuvo.

Maradona estuvo casi tres años sin ponerse la camiseta de la selección porque Bilardo fue claro, quería construir una base para después incluir a Diego dentro de un equipo, pero Diego era parte y en cada partido él estaba presente mandando mensajes, en esa época telegramas o llamadas a teléfonos fijos.

De aquel 2 de julio del 82 al 9 de mayo del 85 pasaron 1042 días para que Diego volviera a ponerse la camiseta que más amó y que llevó pegada en la piel. Fue 1 a 1 con Paraguay, le hicieron penal a Gareca y Diego, con un toque sutil, lo convirtió en gol. Ese día, Argentina formó con Fillol; Clausen, Brown, Passarella y Ruggeri; Burruchaga, Barbas, Ponce, Diego; Dertycia y Gareca. Entraron Trobbiani y Rinaldi.

Amistoso y victoria 2 a 0 ante Chile, con goles de Diego y Burruchaga, y el comienzo de las eliminatorias con un triunfo 3 a 2 contra Venezuela en San Cristóbal, con dos goles de Maradona y uno de Passarella. Después llegó la clasificación, las peleas interminables con un sector de la prensa. Una gira previa muy rara y larga antes de instalarse en México.

La goleada en Tel Aviv a Israel por 7 a 2 y un Diego que declaraba: "Siento que estamos solos, a esta selección la quiero particularmente. Estoy metido con el alma, ahora a descansar mucho, darle estos días a Bilardo, al profesor Echeverría, ponerme totalmente a disposición de ellos y a charlar mucho entre los jugadores".

Diego, Bilardo y la selección construyeron el éxito de mayor relevancia en el fútbol argentino. Nelson Oltolina reconoció que: "Maradona nunca generó un problema, le hacía mucho caso a Carlos, tenía un inmenso respeto y cariño por el profe y con Raúl Madero".

Con el tiempo Maradona, al hablar de Bilardo, supo decir: "Siempre le voy a agradecer que se la jugó por mí cuando nadie daba dos pesos, nadie. Él me nombró capitán y único titular. Ese día yo supe que le iba a pagar con el título del mundo. Después hay otras cosas que no me gustan, como con todos".

Se disfrutaron, ganaron, se respetaron y se pelearon. En realidad, Maradona, con su verborragia característica, que era parte de su ADN, muchas veces habló mal de Bilardo y, como puñal más hiriente, elogiaba a Menotti, algo que a Bilardo se le clavaba en el corazón, pero jamás respondió, sufrió en soledad y se la bancó.

En el Mundial de Italia también la pelearon juntos y Diego siempre estuvo al frente de la tropa como lo marca un líder, aún con problemas físicos que lo llevaron a casi no poder calzarse los botines y en un momento triste para los dos, porque no se bancaban perder, fue la derrota en la final con Alemania. Todas las cámaras buscaban el morbo del llanto del capitán argentino y Bilardo, que

siempre estaba en todos los detalles, fue a cubrirlo y les pedía a sus jugadores que cuidaran a Diego, en una actitud paternal.

Pedro Troglio recuerda que Bilardo "más que con Diego, él tenía una relación especial con el grupo del 86, aunque igual a todos nos trataba muy bien y no hacía diferencias en el trato. Hay algo que me marcó porque Bilardo no era de llorar, pero el día que se lesionó Nery Pumpido, sufrió mucho y no tenía consuelo".

EL REENCUENTRO EN SEVILLA

El sábado 11 de julio de 1992 Carlos Bilardo tuvo su primer entrenamiento al frente del plantel del Sevilla. Habían pasado 2 años y tres días de aquella final de Italia 90 ante Alemania y a pocos días de su llegada le hizo un pedido al presidente Luis Cuevas: "Fichar a Maradona ahora es un regalo".

El sevillano se quedó paralizado, pero Carlos sabía muy bien que tras cumplir la sanción por *doping* Diego quería volver a jugar, pero lejos de Napoli. Cuevas fue detrás de ese sueño y el 22 de septiembre del 92, luego de una de las tantas reuniones en la sede de la FIFA, se destrabó el conflicto y se concretó el fichaje.

Maradona había llegado a tierra andaluza el 10 de septiembre y de esa última reunión participaron en Zúrich el presidente del Sevilla, el vicepresidente José María del Nido, el presidente del Napoli, Corrado Ferlaino, las máximas autoridades de la federación española y la italiana, Ángel María Villar y Antonio Matarrese. Todo se había dilatado demasiado y el humor de Diego no era el mejor. Había sido sancionado con 15 meses por *doping* positivo por consumo de cocaína después de un Napoli–Bari el 17 de marzo de 1991.

Así Maradona volvió a encontrarse con Bilardo, compartió plantel con un joven Diego Pablo Simeone. El entrenador días antes del acuerdo reunió a sus jugadores y les dijo en el vestuario: "Señores, vamos a fichar a Diego. Quiero que entiendan que tendrá su sitio principal y nosotros, yo incluido, otro. Él será la figura. Necesito que entiendan esto porque ser Maradona es algo muy complicado".

Así lo reveló la prensa de Sevilla, que remarcó que el plantel, donde sobresalían los nombres de Martagón, Monchi, Suker, Conte, Rafa Paz, Prieto, Unzué y Diego Rodríguez, estuvo de acuerdo y que nadie se opuso a que Diego fuera el nuevo capitán.

Maradona debutó en un amistoso contra el Bayern y disputó su primer juego oficial con el Sevilla en San Mamés el 4 de octubre de 1992. El club andaluz elevó su cantidad de socios de 26 000 a casi 40 000 abonados en solo tres días, y el nombre del Sevilla fue reconocido internacionalmente. En su primer encuentro oficial en Sevilla, ante el Zaragoza, marcó un gol de penal.

Diego jugó 26 partidos de liga con el Sevilla, y marcó cinco goles. A pesar de haber llegado fuera de forma, Maradona hizo un esfuerzo y se activó hasta el punto de perder peso y ofrecer alguna actuación sublime con el Sevilla, caso del choque ante el Madrid (2-0). "Diego lo dio todo con nosotros. Fue un año precioso. Se entrenó para perder peso, pero recuerdo cómo sufría por sus tobillos, las entradas que le hacían. Quedamos séptimos, pero nos relanzamos internacionalmente", recordó Diego Rodríguez, el hombre que hizo de anfitrión de Maradona en Sevilla.

Fue compañero de habitación de Monchu, Maradona vivió en Sevilla en la casa del torero Espartaco, se movía por la ciudad con su coche deportivo y llegaba muy justo a los entrenamientos. Tanto es así que obligó a Bilardo

a retrasar las prácticas para la tarde. La relación ya no era tan fácil de llevar y se peleó en su último partido con Bilardo y, de remate, el Sevilla le puso un detective para seguir sus andanzas en la noche andaluza.

Carlos Dibos, preparador físico de Bilardo en aquella experiencia sevillana, contó que: "Carlos tenía adoración por Diego y aquel día del cambio estaba muy mal. Éramos pocos los presentes y frente a la casa donde vivíamos había un barcito, estábamos tomando algo después del partido. Carlos estaba con Gloria, muy amargado, en un momento se para y se va hasta la casa sin decir nada. Al rato regresa y la señora le dice: '¿Qué pasa?' 'Me fui a cambiar los zapatos, me puse zapatillas porque si discuto con Diego me tengo que pelear y con zapatillas no me voy a resbalar". Su cabeza no para un segundo, no se le escapan detalles.

Miguel Ángel Lemme, segundo entrenador, testigo de aquella pelea donde volaron golpes en la casa de Diego porque el técnico lo había reemplazado en un partido donde el "10" no estaba bien y lo insultó, recordó que: "No fueron sencillos de llevar esos días, pero nadie cuidó y se ocupó tanto de Diego como Carlos. Siempre lo protegió, quiso lo mejor para él".

BOCA, LA ÚLTIMA AVENTURA

Boca y Diego habían tenido un año 95 muy especial. Los socios eligieron a Mauricio Macri como presidente. El empresario quizo al Narigón como técnico. Maradona respondió: "Es él o yo". Reuniones por todos lados hasta que ambos dan el sí. Bilardo y Maradona juntos en Boca.

Carlos se transformó en el primer entrenador de la gestión Macri, aunque nada fue fácil. Peleó el Clausura 1996, se hizo una gira muy polémica por China en etapa de definición del torneo, Diego marró 5 penales consecutivos. El Beto Márcico, el Colo Mac Allsiter, Pepe Basualdo y el Mono Navarro Montoya fueron apuntados por el DT. Hizo comprar a Verón, llevó e hizo debutar a Juan Román Riquelme, le ganó un superclásico a River por 4 a 1, con tres goles de Caniggia. Dejó su huella.

CAPÍTULO 6

BILARDO POR LOS PERIODISTAS

BILARDO, ESTUDIANTES, DOS ÉPOCAS Y DOS JOYAS PERIODÍSTICAS.

Ernesto Secchi fue una de las grandes figuras del *staff* periodístico de Víctor Hugo Morales en sus primeros años de trabajo en la Argentina. Dueño de una voz muy radial y de un tremendo talento. Era el responsable de desarrollar la sección "Crónica final de un vestuario", un lujo para los oídos y para el corazón de los amantes del medio más atrapante para oyentes y para los que disfrutamos de hacer radio. En aquella consagración de Carlos Bilardo como técnico hizo una semblanza de Estudiantes y del equipo que el Doctor había dejado un tiempito atrás para irse a la selección que fue una maravilla y merecía ser rescatada:

Dígame, usted alguna vez analizó cual es el fenómeno de este Estudiantes institución. El fenómeno Estudiantes

plantel, el Estudiantes equipo de fútbol, lo pensó alguna vez, no. Hizo alguna analogía, entonces vaya repasando conmigo y déjeme que meta a 2 que ya no forman parte del plantel, si me deja a 3. A Brown, Gottardi y al Narigón Bilardo. ¿Qué es este Estudiantes? Un postergado, al que cuando le dieron la oportunidad no la desaprovechó, pero ojo, dos que estaban a punto de quedarse sin laburo, como Camino y Ponce, pero el Jefe Bilardo los mantuvo y hoy son figura. Uno que hizo toda la primaria, la secundaria y la universidad y logró el título, Brown. Otro que es un obrero sacrificado, pero de esa manera labró su porvenir, Russo. Uno que volvió del exterior, un científico argentino y puso en práctica todo lo que aprendió afuera y las adosó a todo lo que aprendió en la cuna como Sabella. Un pícaro y hábil argentino al que uno le da dos tornillos y hacen un reloj, pero que dejó atrás todos los vicios futbolísticos como Marcelo Trobbiani. Un muchacho que vino del interior y encontró en la ciudad el refugio de los que lo apoyaban y se está labrando un porvenir, Agüero. Uno que sabía poco, pero con honestidad y sacrificio se hizo de un nombre, Gottardi. Otro que también sabe poco, pero que transpirando y con la frente alta se hizo un lugar en esta sociedad de trabajo, Trama. Y unos cuantos chicos que recién terminan el secundario o la universidad si usted quiere, pero con el ejemplo que brindan autoridades y mayores se preparan para encarar el porvenir confiados y de frente, como Gurrieri, Rezza, Islas, Jeannoteguy y algunos más. Y gobernantes que están primeros a la hora de trabajar y trabajan en serio, que no escatiman el esfuerzo ni la inteligencia. Todo eso pasa en Estudiantes fútbol, me gustaría que pase en mi país, en su país, en esta bendita Argentina.

ARDIZZONE Y EL RETIRO DE BILARDO JUGADOR

Cuando Carlos Bilardo decidió dentro de una cancha que estaba jugando su último partido (historia ya contada) días después la pluma del extraordinario Osvaldo Ardizzone, en las páginas de *El Gráfico*, hizo una descripción del Narigón que es una verdadera joya periodística, que para generaciones más jóvenes vale la pena leer y para los nostálgicos del buen periodismo recordar. Hace un tiempo se recuperó esa pieza literaria de un maestro del periodismo, que quedará reflejada en estas páginas casi como un broche de oro.

El título de la nota "Bilardo quiere paz...y el *sheriff* se pondrá contento". En un sumario agregó: "Se va el villano de la película. Dicen que el delito que le imputaban era el de querer ganar siempre para su equipo". Acá va esta conmovedora nota del enorme Ardizzone:

Y ahora se va a poner contento "el muchacho"... El sheriff se va a restregar las manos aliviado... Despegarán de las paredes el anuncio con tu foto y el wanted *con la recompensa por tu captura... Porque 'el villano' de la película resolvió abrirse de todo aquello. Después de meditar un tiempo decidió ¡el basta! definitivo... Ensayó la última e irónica sonrisa, colgó los dos Colt en el ropero y al trote lerdo partió con todos sus recuerdos, con muchas broncas, con algunas hazañas, con un montón de triunfos... Sí, sentía todavía en los oídos el eco de muchos silbidos, la agresiva fonética de todos aquellos insultos, de todas aquellas amenazas acumuladas en el puño crispado..., y en el índice acusador... '¡A ese! ¡A ese!'... Y volvió a sonreírse con la misma sonrisa irónica y esta vez un poco dolorida... Pero, es que quedaba también mucho de lo otro... Quedaban también muchos amigos, quedaban también muchos abrazos, muchas lágrimas dulces, muchas batallas ganadas, muchas actitudes... Aquella noche de Platense, cuando había comenzado todo...*

¡Campeón Metropolitano! Y no había alcanzado la noche para toda la emoción, para toda la gloria de aquel primer y tímido triunfo... Y él había llegado ahí, a La Plata, casi regalado... Osvaldo fue quien le había pedido que siguiera un poco más... Que archivan por un tiempo el título y la chapa de doctor para asociarse a esa empresa que recién se inauguraba. ¿Y cómo iba a decir que no? Pero si era la pasión más encendida que estaba metida en su vida. La que había querido siempre, desde que era muy purrete. Desde aquel tiempo en que le costaba trabajo llegar a casa con el testimonio de un guardapolvo sin manchas de potrero...

Detuvo la marcha y se volvió para mirar otra vez todo lo que quedaba a sus espaldas... Pero, ¿de qué lo habían acusado? ¿Cuál era el fundamento de todas aquellas reacciones, de todas esas amenazas, de todos aquellos insultos?... Algunas picardías, pero más que nada, por esa ventaja que siempre había querido para él y para su equipo... Ese sí que era su único delito... El que admitía. Querer ganar, querer ganar siempre... Porque está el reglamento y está la frontera del reglamento... Está lo que se puede hacer y lo que no se puede hacer... Y a él, desde pibe, le habían enseñado que las lágrimas que dejan las derrotas no sirven... Y entonces, para no tener que mostrar la flojedad de esas lágrimas, hay que jugarse entero en el triunfo... Llorar sí, pero de alegría. Llorar esa emoción que traen las victorias, cuando uno se abraza con el compañero sabiendo que puso todo, que no tiene nada que reprocharse, que dio todo lo que tenía adentro... Y él estaba convencido de que el fútbol es picardía, que el fútbol es ventaja, porque aunque muchos escriban "el verso" de las palabras lindas, aunque se digan muchos discursos, lo que importa en este juego es ganar... Ganar, porque es lo único que asegura el futuro, que trae dinero, que hace ganar dinero, que mantiene las comisiones directivas, que asegura la permanencia del técnico y de los propios jugadores... Y si no, allí estaba el panorama... Equipos en derrota. Clubes que tiemblan por sus finanzas. Jugadores con pase libre. Deudas de salarios de varios meses. A él siempre le había causado gracia algunos jugadores que se quejan después de las derrotas. Esos que se refugian en los pretextos para justificarse. Esos que acusan a algún rival, dando la mancada fulera... ¿Se perdió? A casa. A comerse la bronca en casa o con el amigo que uno tiene... A él, desde muy purrete, le habían enseñado a bancar el contra como un señorito... A masticarse la bronca, pero sin deschavar a nadie... A él en la vida nunca le había preocupado representar el papel "del muchacho de la película" para quedar bien con todos... Le había siempre Importado la opinión de sus amigos, de sus compañeros, de la gente que era su gente...

LA FAMA ES PURO CUENTO...

Carlitos de ahora... Ahora, cuando ya dijo basta... Pero el mismo lenguaje de siempre, ese que no pudieron robarle ni los complicados tomos de la medicina... Ese que está metido en su esencia de purrete porteño. De aquel purrete que empezó a espiar la vida de los más grandes con "la ñata contra el vidrio" del boliche de Juan B. Justo y Boyacá... Ese que conoció el pescante de un carro, que se mezcló en las broncas del baldío, que supo "del tres y dos de la parada inútil", a pesar de su condición de chico bien cuando era el único estudiante de la barra rea... "¿Por qué largo? Porque estoy un poco cansado... y porque llega el momento en la vida en que hay que saber decir basta. Y le aseguro que hay que estar preparado para poderlo decir... Hay que pensarlo bien largo, como lo hice yo. Primero porque duele, ¡y usted no se imagina cómo duele!... Pero más que nada por todo eso que el fútbol le da a uno... Por esa pequeña fama que, aunque a usted le digan lo contrario, siempre halaga, aún al tipo más modesto... Aunque solo porque lo reconozcan en la calle, aunque le digan nada más: "Miré allí va Bilardo...". Como bronca o

como elogio, como lo que sea, pero lo dicen, *lo reconocen, lo distinguen. ¿Se da cuenta? Y el vestuario. Los días de la concentración, aunque en su momento no le guste. Estar en algo, jugarse por algo. Estar en lo que uno quiere desde que nació... Por eso sé que no lo voy a poder dejar del todo... Le voy a hacer una comparación... Dicen por allí que van a liquidar el boliche del barrio, ese que usted conoce... Y ya me duele, ya estoy preocupado, porque sé que voy a perder algo que fue una parte de mis hábitos, de mis afectos... Lo que me junta con los amigos más viejos..., ¿se da cuenta? Hace como cerca de veinte años que vamos allí todos... Y el fútbol es lo mismo... Así que le dije a los muchachos, le dije a Osvaldo que voy a seguir visitándolos, que voy a ir a entrenarme con ellos aunque no juegue más... Hasta que pueda acostumbrarme... Así, de a poco...*

ESTUDIANTES NO FUE "GRUPO"

Me acuerdo de aquella noche en Manchester... El final, la llovizna que se reflejaba en los focos del estadio, los gritos hostiles, los peniques que caían desde las tribunas... y el minúsculo puñado de "locos" saltando dentro de la cancha... Carlitos, con el torso desnudo, la cara descompuesta, la casaca blanca que quería para él, que no quería compartir con nadie en una vuelta olímpica de alienados... ¡Estudiantes campeón del mundo! ¡Campeones del mundo! El flaco Poletti, el negro Aguirre Suárez, el Pacha, Conigliaro, Verón... El micro... El regreso al hotel en medio de la pedrea que también forma parte de la añeja cultura londinense... Después el hotel... La cena ligera, la cena sin ganas de comer. *La cumparsita* en el piano del doctor Madero... Después la noche que se viene encima, que intimida con los duendes de su silencio... Y nadie quiere los duendes nocturnos. Nadie quiere el silencio y la oscuridad de la habitación... Por eso estamos allí, sentados por el suelo en la incómoda, pero tibia hospitalidad que brinda aquella improvisada utilería. Corre el mate. Y las ganes de hablar. ¿Dormir? No, nadie piensa en dormir... ¿Para qué? Para encontrarse con los duendes... ¿Para enfrentarse desarmado al silencio...? No. Por eso, cuando algunos pretendieron dormirse, allí estaba Carlitos como un fantasma en pijama... Carlitos golpeando las puertas, Carlitos encendiendo las luces, arrancando las frazadas, desacomodando los colchones... Todo el mundo arriba. Todo el mundo a juntarse. ¡Hay que hacer vigilia! Hay que hablar de todo ESO... Hay que estirar la madrugada hasta que "el fulero" nos amenace desde allá arriba con la verdad de un día nuevo... Pero, que siga esta noche. Y siguió hasta las seis de la mañana... Cuando la fatiga y el insomnio les ganó a todos "los locos", la gran noche exclusiva para locos...

Ahora, aquí en este carrito de La Costanera, evocamos todo aquello con Carlos... Y hay emocionada nostalgia en la sonrisa siempre irónica...

—¿Sabe qué fue Estudiantes? Un grupo de gente que difícilmente podrá volver a juntarse... No fue eso del grupo humano porque ese solo se sostiene en la buena... En Estudiantes triunfó la amistad. Amistad de la buena ¿me entiende? Por eso nunca trascendió nada de lo que era íntimo, de lo que solo nos pertenecía a nosotros... Todos los problemas se arreglaban adentro y calcule que en esas largas concentraciones que hacíamos nosotros, los problemas siempre existen... Pero nos amasijábamos entre nosotros... Le puedo contar que algunas noches, después de alguna derrota o cuando las cosas no venían bien, discutíamos toda la madrugada... Pero las cosas tenían que quedar aclaradas... Y le aseguro que no quedaba ni un cachito de rencor, que concluida la reunión todo estaba como antes o quizás más sólido que antes... ¿Usted piensa que yo tuve algo que ver en todo eso...? No... Todo el mérito es de Osvaldo, pero también de la calidad de los muchachos... Yo pude tener alguna

influencia por ser mayor que ellos y porque, a fuerza de acertar con algunas ideas, los demás empiezan a creer en uno, sobre todo dentro de la cancha... Pero yo me sentía siempre uno más, con las mismas obligaciones de todos... Y, como equipo, le puedo asegurar que llegó a todo lo que nos propusimos. Osvaldo y nosotros... Porque Estudiantes llegó a tener todos los matices... Algunos buenos jugadores, gente que sabía marcar, los que eran capaces para defender, otros que serenaban... Pero, principalmente, hombres. Hombres para jugársela en cualquier parte, más en la difícil que en la fácil... Por eso, ahora que me voy, no quiero hablar de mí... Quiero hablar de todos porque todos los éxitos que pude conseguir en los cinco mejores años de mi vida de jugador pertenecen a todos...

LA AMISTAD

La sobremesa se estira... Está emocionado Carlitos... Ya no está esa sonrisa y esa expresión habitualmente cargada de intencionada picardía: "Le hablé de la noche de Manchester, de la noche de Platense, de aquella primera Copa de América en Montevideo... Pero la copa que más quise ganar, en la que puse mucho más de lo que podía, fue en la última, en la que ganamos frente a Peñarol... Y esa noche sí que lloré, lloré como nunca lo había hecho... Porque esa copa era para el Flaco Poletti, para el Negro Aguirre y para Manera... La quería ganar por ellos... Y no es que quiera volver sobre el tema... Pero es lo que le dije antes... Tengo eso que aprendí desde muy chiquilín... Yo a mi hijo no se lo entrego a la policía aunque lo sepa culpable... ¿se da cuenta? Ni mi hijo ni a mi amigo... Y los tres eran amigos míos —y lo seguirán siendo— desde hacía muchos años... Yo sabía mejor que nadie de lo que eran capaces, de todas las veces que se habían jugado por mí y por todos... ¿Y qué? ¿Yo los apunto? No. Yo soy el amigo de ellos y se acabó... Qua tengan o no la culpa no entra en mi actitud de amigo... Por eso creo que ganamos esa copa, porque ese fue el gran estímulo que nos empujó a todos... Eran de los nuestros, ¿se da cuenta? Y entonces acabó todo... Dicen por allí que dejé muchos enemigos en el fútbol... No creo. En su momento algunos pudieron haberlo sido, pero no creo que el fútbol deje rencores... Hace poco tuve que hablar con Pastoriza, con varios muchachos de Independiente y con Perfumo, con otros más de Racing... Y nos hemos tratado bien, sin que siga pesando toda esa rivalidad que dejaron las copas... Dijeron que yo salía a la cancha con un alfiler, que le saqué el ojo artificial a Stiles en la cancha de Boca... ¡Qué sé yo cuántas cosas me inventaron! ¡Fíjese que ahora hasta andan diciendo que me voy a convertir en periodista! ¿Que yo hablaba adentro? Es cierto, pero ¿usted cree que a mí no me decían nada? Mire... le voy a repetir lo que escuché algunas veces... A mí nunca me preocupó ser aplaudido por la tribuna contraria y hasta le estoy por decir que tampoco mucho por la mía... Siempre jugué para mi equipo, para mis compañeros... El papel de bueno en una cancha es muy relativo... y para mí nunca lo quise... ¿sabe por qué? Porque para mí eso es mentira, eso no me convence... ¿Buenito, para que me aplaudan a mí y resulta que mi equipo pierde? No... Por eso siempre respeté a Racing, a los de esa época del sesenta y seis, cuando salieron campeones del Mundo... Pelé, que es el jugador a quien más admiro, no es el mejor del mundo porque solo sabe más que los otros, es *crack* porque es hombre en la cancha. Porque es vivo. Porque conoce todas las picardías. Una vez usted le hizo un reportaje donde el negro mismo le confiesa que “el fútbol lindo terminó”. Y lo dice Pelé que es el mejor jugador del mundo... Por eso, no sé sí Didi tendrá éxito, pero yo no creo que se pueda hacer fútbol lindo... No creo que los triunfos lleguen por el solo hecho de jugar mejor... Hay muchos otros factores y entonces usted tiene que tener un equipo bien balanceado... Y Estudiantes llegó a serlo... Juan (Verón) con su habilidad. Pacha (Pachamé) con su temperamento. Conigliaro con

los piques... Cacho Malbernat con la marca. Manera con la fuerza para irse arriba... La presencia del flaco Poletti La inteligencia de Madero... La fuerza del negro Aguirre para sacarla del área.

EL FUTURO...

Y Carlitos dice todos esos conceptos sin vestirse nunca de importante. Incluso, siempre sorprende con el vigor de una personalidad que no se exterioriza nunca. Porque este Carlitos Bilardo fue lo que se propuso ser. Le gustó ser "roe" y lo fue. Pero también quiso estudiar. Y, no obstante, el baldío, a pesar del boliche del barrio, un día llegó a su casa con el título de bachiller, cuando también jugaba en San Lorenzo. Después fue a Deportivo Español por el estímulo de su vocación por el fútbol. Hasta que decidió ser médico. Y un día llegó a casa con el título debajo del brazo, aunque los amigos de Boyacá y Juan B. Justo seguían en su vida... Y llegó Estudiantes, cuando para Carlitos el fútbol solo podría seguir siendo la diversión preferida... ¿Estudiantes o Argentinos Juniors? Esa era la alternativa. Y pudo más la amistad con Zubeldía. Y fue campeón Metropolitano. Campeón de América tres veces, una vez Campeón del Mundo y dos veces subcampeón...

"Por ahora voy a seguir con la mueblería... Osvaldo me pidió que colabore con él en la parte técnica, pero a mí me gusta más ocuparme de una función que pienso que en nuestro fútbol es necesaria... Yo que viajé, que anduve por los hoteles, llegué a la conclusión de que debe existir el hombre que se ocupe de todas esas cosas. En Estudiantes las hacíamos nosotros mismos, pero esas preocupaciones no deben ser ni del técnico ni del jugador... Aviones, hospedajes, campo de entrenamiento, micro, todo eso..., Vamos a ver, porque todavía no estoy decidido...Y lo otro que estoy estudiando es la posibilidad de especializarme en medicina del deporte... No sé, por ahora la mueblería, que anda muy bien. Allí está puesta toda mi guita... Pero sé que ahora que empiecen a entrenar los muchachos no voy a poder aguantar y más de una mañana me voy a ir para La Plata a correr un poco... Pero jugar en serio, no... El pobre Mangano me había pedido que me quedara un año más, pero no quise... Una vez tiene que ser... Técnico no... Todavía me siento jugador... Y para ser técnico hay que olvidarse de eso..."

Ahora el muchacho de la película se va a poner contento... El *sheriff* se va a restregar las manos con alivio... Despegarán de las paredes el anuncio con la foto y el *wanted* con la recompensa... "El villano" colgó definitivamente las dos Colt en el ropero... Se va con todos los recuerdos, con muchas broncas, pero también con algunas hazañas y con un montón de triunfos... Dicen que el delito que le imputaban era el de querer ganar siempre... para su equipo.

ESTUDIANTES, BILARDO Y EL ANTIFÚTBOL

En la lucha mediática que se desató en los finales de los sesenta con el Estudiantes de Osvaldo Zubeldía y en el cual el Doctor Bilardo fue una bandera y un emblema, situación que se profundizó en los ochenta cuando el Narigón tomó el mando del seleccionado argentino en una puja, por momentos agresiva con Menotti y sus seguidores bien, vale la pena recuperar aquella editorial de la histórica página 3 de *El Gráfico* de su director de aquellos años, Carlos Fontanarrosa. Fue escrita después que el Pincha logró su primera Libertadores.

El título fue: "Estudiantes y el 'antifútbol' ":

Una corriente trajo el antifútbol para calificar la destrucción de Estudiantes, de este Estudiantes que ha ganado los más grandes elogios que quizá se hayan tributado jamás en la prensa extranjera a un equipo argentino. Marcar con todos sus hombres y en toda la cancha no pude ser antifútbol. Estudiantes marca, obstruye, impide la progresión ofensiva rival porque su gente está mental, física y espiritualmente preparada para ese esfuerzo y porque sabe que no puede regalar ninguna clase de ventajas. La otra parte del fútbol, cuando la pelota pasa a poder del propio equipo, consiste en desmarcarse y atacar. Y el equipo que vio el Centenario en su noche consagratoria nunca olvidó el objetivo que estaba en la red de enfrente. Sus atacantes arrancaron 50, 100 veces en piques sin pelota que buscaban la desmarcación, la fabricación de claros, la creación de profundidad ofensiva. Que su juego sea más sólido que bonito, no basta para llamar antifútbol a ese auténtico fútbol de producción masiva y resultados convincentes que hace Estudiantes. No es antifútbol tampoco, desde el punto de vista humano, porque ese vigor que expone en el campo no es fruto de la actitud simulada o en todo caso calculada. El trasfondo del temperamento, de la personalidad, son los únicos valores del hombre que no se encuentran ni en las probetas de ese famoso laboratorio que le adjudican al campeón de América. Lo que ocurre es que Estudiantes cuenta con hombres que, además de jugar, imponen en cada maniobra una manera de sentir, que al cabo se tradujo en una de las más destacadas facetas de su esencia ganadora. De hombres fuertes, que dejan todo lo que tienen en la cancha por ser fieles a aquel trasfondo de dignidad que siempre es inmutable. Y esto tampoco puede ser antifútbol...

CAPÍTULO 7

BILARDO, *BONUS TRACK*

SU RIVALIDAD CON GIMNASIA

Corrían los primeros días del mes de octubre del 2003. El domingo 5 era la cita ante Gimnasia, el clásico de La Plata, un clásico más clásico que nunca porque el Narigón era el técnico de Estudiantes, situación que mediatizaba mucho el partido y potenciaba la rivalidad, porque no hay rival que sienta más "odio" por él.

Estudiantes había tenido un pésimo comienzo. Debut con derrota fea ante Independiente, buena victoria frente a River y 5 fechas sin ganar, con 4 empates consecutivos y una caída ante San Lorenzo en la previa. Carlos trató de mostrar tranquilidad en la semana: "En La Plata estos partidos hay que ganarlos y si no se puede no hay que perderlos. Y cuando mirás la tabla siempre hay que estar por lo menos un punto arriba".

El Lobo había iniciado el ciclo de Mario Gómez como técnico y también había arrancado muy mal con 4 empates y 3 derrotas. Ganó el Pincha con gol de José Sosa por 1 a 0 y los dos equipos se quedaron sin entrenadores. Gómez renunció, y Bilardo dijo basta y le dejó el equipo a Carlos Pachamé. "No puedo más, voy a ayudar, pero de afuera". Le duró poco, el equipo no respondió y para el Clausura 2004 volvió.

Pero lo mejor de ese clásico estuvo en la previa. Carlos, con una sonrisa como siempre, se paró frente a los periodistas después de una práctica y se puso a contar una historia que pintaba de la mejor manera su "particular historia" con los triperos.

El recuerdo se remontó a 1970. Época que se jugaban "amistosos" entre los equipos de la ciudad. Copa Diario *El Día*. El partido de ida en la cancha de Estudiantes ganó Gimnasia por 1 a 0. "Gatti atajó una pelota y la dejó en el suelo, la fui a buscar porque me di cuenta de que se la podía robar. Me tiro sobre la pelota, él justo se agacha y chocó. El golpe fue tan duro que le fracturé la nariz. A los cuatro días era la revancha en la cancha de ellos. Se me acerca Osvaldo (Zubeldía) en la práctica y me dice que no me iba a poner, que gente de la policía se lo había pedido para evitar incidentes. Me agarré una bronca bárbara y le digo: '¿Cómo no voy a jugar? Juego sí o sí, fue una acción de juego. Si no juego, no vengo más' ".

La historia continuó en el relato de Carlos ante la atenta mirada de los pocos que estábamos en la charla y su narración nos atrapó: "Así estuvimos todos los días, Osvaldo insistía y los directivos me querían convencer. La mañana del partido me reuní con mis compañeros y les comenté mi decisión. Hago la entrada en calor en nuestra cancha y 5 minutos antes que empiece el partido yo me junto con ustedes en el túnel y salimos todos juntos. Todos pensaban que estaba loco y así lo hice. Cuando llegó el plantel a la cancha los hinchas revisaron todo para ver si yo estaba. Cuando faltaban 15 minutos para empezar yo, vestido de jugador, me subí al auto de un amigo que me llevó hasta la puerta del estadio. Me abrieron una puertita y me fui corriendo hasta el túnel.

Salimos al campo, y cuando me ven, toda la gente se ocupó de mí. Los nuestros me dedicaban canciones de amor y los de Gimnasia me insultaron de todas las maneras".

Bilardo no dejó detalle sin contar: "Empezó el partido y tenía cuatro jugadores de Gimnasia cerca, esperando que me llegara la pelota para pegarme. Me dieron con todo, pero jamás reaccioné. Se preocuparon tanto por mí que al resto no los marcaron y a los 10 minutos ganábamos 2 a 0. En el segundo tiempo todo era una caldera. El árbitro, Humberto Dellacasa, se me acercaba y me decía: 'Bilardo, por favor, pida el cambio. Osvaldo: 'Por favor, salga'. Y yo le respondía que si me sacaba me iba del club".

El final de esta historia estaba cerca: "Faltando pocos minutos acepté el cambio. Me voy caminando para el túnel y veo que los hinchas bajaban casi tirándose por los escalones. Me querían ir a buscar. Sin bañarme, salgo corriendo por el mismo portón que entré y me subo a un móvil de la policía que se usaba para trasladar presos. Yo había arreglado todo con ellos. Durante varias cuadras nos siguieron autos con hinchas de Gimnasia, hasta que en la ruta que unía La Plata con Buenos Aires me esperaba el amigo que me había llevado hasta la cancha. Ahí la policía cortó la calle hasta que nos pudimos alejar. Me reencontré con mis compañeros en Liniers, fuimos a tomar algo y nos divertimos mucho, aunque me seguían diciendo que estaba loco".

Como jugador de Estudiantes, el Narigón jugó 10 clásicos, ganó 4, empató 5 y perdió solo1. Como entrenador del Pincha en sus cuatro etapas dirigió 19: ganó 8, empató 7 y perdió 4. Cómo técnico de Boca enfrentó 2 veces a Gimnasia y no le pudo ganar. Sufrió una de las derrotas más duras de su carrera, cuando el equipo de Carlos Griguol lo goleó 6 a 0 en la Bombonera en el Clausura de 1996 y empató 1 a 1 en el Bosque en el Apertura 96.

SU RELACIÓN CON GRIGUOL

Carlos y Timoteo fueron dos íconos del fútbol argentino. Dos hombres que hicieron del trabajo y el esfuerzo una manera de vivir. Dos entrenadores formadores que buscaron ganar y ser exitosos como todos, pero que tuvieron un rol docente. Y coincidieron en un mismo referente, Osvaldo Zubeldía. Bilardo desde que llegó a Estudiantes y Timo fue compañero y jugador en la época de Atlanta. Siempre se respetaron y con sus formas se defendieron.

Y la ciudad de La Plata pareció separarlos, pero no fue así, a pesar de que uno es un símbolo del Pincha y el otro se transformó en el mejor técnico que tuvo el Lobo en su historia. No se enfrentaron muchas veces, apenas cinco y el historial marca un triunfo para cada uno y tres empates.

Los primeros cruces fueron en 1982 con dos grandes equipos. Ferro y Estudiantes. El 29 de agosto igualaron en cero en Caballito y el 5 de diciembre fue victoria del Pincha por 2 a 0, con el equipo que terminó catapultando a Bilardo a la selección.

Después volvieron a encontrarse en 1996, uno en Boca y el otro en Gimnasia. Ahí Timoteo dio el gran golpe. Por el Torneo Clausura, el 5 de mayo, ganó por 6 a 0 al equipo del Narigón, de Caniggia y Verón. El Lobo le dio una paliza. En el mismo año en el Bosque igualaron 1 a 1.

La historia del clásico de La Plata les tenía guardado un capítulo. Fue en mayo del 2004, con ambos cerca del final de sus carreras. Fue una de las previas más mediatizadas que se recuerden. Ambos opinaron con respeto y hablaron con admiración de Zubeldía. En la manga antes del salir al campo, Timoteo lo esperó y le dio con fuerza la clásica palmada en el pecho al Narigón, que le devolvió una sonrisa. En los bancos cada uno hizo su *show*. El

Pincha ganaba el primer tiempo cómodamente 2 a 0 y el Lobo reaccionó y alcanzó el empate.

LA CUARTA LIBERTADORES

Estudiantes, Bilardo y la Copa Libertadores siempre tuvieron una relación muy especial. Carlos la ganó tres veces como jugador y como entrenador estuvo en el banco apenas 6 partidos en la edición de 1976, a la que accedió por ganarle un desempate a Huracán, al cual llegaron ambos por ser subcampeones de River en 1975.

Compartió el grupo con River y con los venezolanos Deportivo Galicia y Portuguesa. Ganó 4 partidos, igualó 1 y perdió una vez con River, sin embargo, a pesar de la buena campaña, terminó como escolta del millonario, pero eran épocas donde solo avanzaba el primero.

Por eso, el reencuentro en la edición del 2009 fue muy especial. El primer mojón lo encontramos en la noche del 4 de febrero. Partido de vuelta de la fase preliminar con Sporting Cristal. En Perú había sido derrota por 2 a 1. El Doctor llegó esa noche al Estadio Ciudad de La Plata acompañado por el entrenador de la selección, un tal Diego Maradona. Quería ver en acción a Verón y a Angeleri, a quienes había convocado para un amistoso.

Diego, con Bilardo, Miguel Lemme, Oscar Malbernat, Alejandro Mancuso, entre otros, su ubicaron en un palco. El "10" fue ovacionado y sufrió junto al Narigón porque el equipo de Leonardo Astrada no podía ganar. Hasta que a los 70 el pibe Ramón Lentini saltó a la cancha y, seis minutos más tarde, aprovechó un centro de Diego Galván y saltó más alto que todos para meter un frentazo letal para el 1 a 0 y la clasificación. Bilardo y Diego lo feste-

jaron a su manera. Maradona, más efusivo, con un grito: "Vamos Pincha carajo", algo impensado para quien después fue entrenador del Lobo.

Bilardo no volvió a estar presente en la cancha y para la primera final fue invitado por la Conmebol, pero las costumbres son costumbres y hay que respetarlas. El Narigón concurrió a la *fans fest* que se había organizado en la tradicional Plaza Moreno de La Plata, participó de distintos eventos y reportajes, pero a la hora del partido eligió verlo por tele en Capital Federal.

El cero a cero no fue el mejor resultado, pero la confianza no había mermado en el campamento pincharrata. Miles de hinchas se volcaron a las distintas agencias de viaje con destino a Belo Horizonte con la fe intacta. No era fácil conseguir un vuelo. El 7 de julio, día anterior a la final, sonó el teléfono del periodista de Radio Provincia, Walter Grasso, que atendió y escuchó la voz del doctor:

" 'Voy a Brasil', me dice. Le digo: 'Bárbaro Carlos, nos vemos', y me dice: 'No entendés, quiero ir a Brasil, pero no tengo pasaje, nada, ocupate'. Hablo con Andrés (responsable de una conocida agencia de la ciudad y muy hincha de Gimnasia) y logra conseguirme un lugar para la primera hora del miércoles en el mismo vuelo que íbamos varios periodistas. Le doy la noticia y quedamos encontrarnos en vernos Ezeiza. Gloria (la esposa del doctor) me avisó que ya estaba en viaje en un remise. Carlos me llamó y me dijo acá estoy. Nos encontramos hasta que embarcamos y comenzó otra historia".

En Ezeiza se sumó a la fila de embarque que compartíamos con otros colegas. Carlos llegó vestido en forma impecable con un ambo oscuro, un suéter azul marino camisa celeste y una corbata a rayas azul y gris. Se me ocurrió decirle que la corbata era azul y blanca, y me discutía, con razón, que era gris, pero a cada rato me hablaba del color. Simplemente era para pelearlo un rato.

En el vuelo nos pedía que cantáramos canciones de cancha, pero hablamos del "equipo del Narigón" y ahí nos decía "otra, otra", porque le daba vergüenza. Aterrizamos en San Pablo y, para tomar el vuelo a Belo Horizonte, tuvimos tres horas de espera, más o menos. Nos sentamos en un bar del aeropuerto y pocas veces vi a una persona que le pidieran todo el tiempo autógrafos y fotos. A nadie le dijo que no, pero siempre las manos juntas y por delante. La explicación fue contundente: "Yo me saco fotos, pero sin abrazar a nadie porque no los conozco. Mirá si el tipo anda en algo raro y después dicen: 'Mirá, es amigo de Bilardo' ". No hay detalle que se le escape.

Llegamos al lugar de la final y Carlos quería dormir. Lo llevamos en una Kombi hasta el hotel que había reservado, muy retirado del centro y Walter quedó en pasarlo a buscar para ir al estadio. Grasso recordó que no lo podían despertar: "Casi le tiramos la puerta de la habitación abajo, porque la mucama nos decía que no respondía. El remise que nos llevó era un Fiat Uno y a las dos cuadras se volvió a dormir. Lo despertamos cuando llegamos a la cancha. El chofer nos dejó en el medio de la hinchada, pero no tuvimos problemas, lo saludaba todo el mundo. Por ahí aparece una persona de la Conmebol y le da como 20 plateas, que no usamos, Subimos a la zona de cabinas, nos cruzamos con Juan Pablo Sorín, que estaba en Cruzeiro, hasta que nos ubicamos".

En la cabina que ocupó Bilardo estuvieron algunos empleados de Estudiantes, Claudio Gugnali, integrante del cuerpo técnico que siempre miraba el primer tiempo desde arriba y el directivo Daniel Pantaleo. Gugnali recordó: "El primer tiempo lo miré sentado a su izquierda, pero no me dijo nada, estaba muy concentrado, hablaba poco, yo después bajé como hacía en todos los partidos".

Pantaleo contó su experiencia de mirar una final de América al lado de Bilardo. Estuvo sentado a su derecha y salió en todas las fotos e imágenes de esos minutos finales: "Estuvo muy callado, pidió papel, sacó una lapicera, anotó las formaciones y hacía flechas para todos lados. Mentalmente era un técnico viendo el partido, estaba muy metido".

Hizo el gol Cruzeiro y se puso1 a 0 arriba. "Tranquilos, estamos bien, hay que esperar 10 minutos", dijo Bilardo, según rememoró Walter Grasso, y Pantaleo agregó: "Cuando Verón va a tirar el córner, anticipó la jugada, ahí viene el gol". Y así fue, Estudiantes con el cabezazo de Boselli se puso 2 a1.

Llegaron los instantes finales, las manos que se cruzaban en al aire como diciendo: "Ya está, terminalo". Pitazo final de Chandía, el Doctor se paró, abrazó a Walter y le dijo: "Somos campeones otra vez". Luego vino la odisea para entrar al campo de juego y llegar al vestuario ganador.

Una vez en el vestuario, fui el primer periodista en ingresar, veo llegar a Carlos y enseguida buscó saludar a Alejandro Sabella, se abrazaron, lo felicitó y se animó a pedirle al entrenador la famosa camperita beige de la cábala o de las costumbres. Alejandro se la sacó y se la regaló, aunque enseguida volvió sobre sus pasos y le dijo: "Carlos me presta la campera y se la doy después del Mundial de Clubes. Bilardo no se opuso. Sabella recuperó su "tesoro" y después el Narigón tuvo una, pero jamás supo que Alejandro compró una igual y se quedó con la "original", que su familia guarda como un preciado tesoro en su casa.

ADMIRACIÓN POR EL DOCTOR

Miguel Ángel Lemme no duda en afirmar que "es el más grande de la historia del fútbol, llevó a la selección a jugar dos finales del mundo, lo que nadie pudo conseguir. Te hacía crecer en todo, como jugador, como profesional, como persona. Se transformó en un amigo para toda la vida".

Pedro Antonio Troglio, a pesar de su vinculación afectiva con Gimnasia y aún siendo jugador o técnico del Lobo, nunca ocultó su admiración, su respeto y su cariño hacia Carlos: "Siempre inculcó que había que sacrificarse, fue un adelantado, impuso en la Argentina que había que jugar sin posiciones fijas. El rótulo que le pusieron de defensivo es una gran mentira, nunca me dijo ni a mí ni a un compañero hoy salimos a defender".

El hombre que fue clave en el triunfo ante la Unión Soviética en el Mundial de Italia fue más allá con una definición que causó debate y polémica: "Guardiola es Bilardista. Observa mil videos de los rivales y dijo el que no corre no juega conmigo. No es tan difícil, lo que pasa es que después dirige planteles con un tremendo bagaje técnico, y tampoco se casa con nadie a la hora de formar el equipo. Los dos no se refieren al fútbol de la misma manera, no hay solo que pensar en defender o atacar, hay que atacar y defender, y para jugar hay que recuperar, y para recuperar hay que tener orden, sacrificio y correr, porque no podés jugar parado o caminando".

KIRICOCHO, UN HOMBRE DE "SUERTE O MALA SUERTE"

Mitos, realidades, cábalas, costumbres y un nombre compuesto por 9 letras (Kiricocho) que saltó a la "fama" en los comienzos de los ochenta y que aún en nuestros días sigue siendo furor en el mundo del fútbol y trasciende fronteras y disciplinas deportivas más allá del deporte más popular, recorre miles de kilómetros. Palabra que se pronuncia para trasladarle una onda negativa a un rival en un momento específico.

En mis años de corresponsal de TyC Sports los muchachos de "Paso a Paso" me enloquecieron para buscar al personaje en cuestión, porque daba justo para la onda del programa. Después de mucho averiguar supe que había fallecido, aunque siempre fue muy difícil tener datos precisos sobre él. Ni sus conocidos se animan a profundizar sobre el tema.

Yo lo conocí, aunque no recuerdo haber tenido diálogo con él, pero si lo observé varias veces entrar "en acción". Era un flaco de andar desgarbado, narigón, de pelo renegrido y siempre vestido con un saco.

En sus últimos tiempos en La Plata, y en horas de largas charlas con el Doctor, tocamos el tema, y siempre con una sonrisa cómplice decía poco y nada, pero no profundizaba en esas historias: "Era un muchacho de La Plata que siempre estaba con nosotros y lo adoptamos como nuestro amuleto. Era un buen pibe, pero después ya no lo vi más. La última vez que estuve dirigiendo a Estudiantes pregunté por él y nadie sabía nada".

Cuenta la historia que el famoso portador de mala suerte falleció hace muchos años y una anécdota muy graciosa que contó Carlos tuvo epicentro en España: "Cuando voy a dirigir el Sevilla había un penal para los otros y escucho atrás mío que alguien susurra: 'Kiricocho, Kiricocho'. No lo podía creer, hasta que el Cholo (Simeone) y Diego me avivan que ellos la habían dicho un par de veces y el resto la aprendió. ¡En Europa! Parece mentira, pero vos decís 'Kiricocho' ¡Y erran!...".

Un hincha de aquella época, ligado a la hinchada y que prefirió mantenerse en el anonimato, me contó: "De local no fallaba, de visitante se complicaba un poco más, pero la idea era que cuando llegaba la delegación visitante Kiri estaba al lado del micro y los recibía. Trataba de acercarse lo más que podía, en especial a la figura del otro equipo y del técnico. Les daba una palmadita y les tiraba la frase matadora: 'Vos si andás bien'. Y es creer o reventar, pero en el único partido que nos bloquearon su saludo fue con Boca, que venía con mucha seguridad. Fue el único partido que ese equipo campeón del 82 perdió como local".

Juan Ramón Verón, la Bruja original, también aportó algún dato a la historia de este personaje: "Lo conocí porque estaba siempre en la estación de servicios de 1 y 60 (a 3 cuadras de la cancha de Estudiantes) donde yo cargaba nafta y, sin llegar a tratarlo mucho, supe que era un tipo que probablemente levantaba quinielas en ese barrio cercano al estadio".

Una de las historias más recientes de este personaje sucedió en el cruce de octavos de final de este 2021 de la Champions League entre Borussia Dortmund y Sevilla. Antes de la ejecución de un penal el arquero sevillista, Yassine Bounou, lanzó el grito a Erling Haaland en plena carrera y el goleador noruego falló el penal, pero el remate fue repetido y Haaland se tomó revancha, le devolvió el grito y anotó el gol. El delantero, postpartido, fue consultado y contó que: "No tengo idea de lo que grité, le dije lo mismo que me había dicho él. No sé qué significa".

Esta situación se repite en forma cotidiana en cualquier parte del mundo y por ejemplo el jugador español Joan Capdevilla recurrió a la palabra "maldita" para evitar el gol del holandés Arjen Robben en un mano a mano con Iker Casillas en la final del Mundial 2010, y confesó: "La verdad es que fue un plan en una situación desesperada. No sé por qué, no sé si fue intuición, pero lo primero que se me pasó por la mente fue esa palabra y nunca en mi vida jugando al fútbol la había utilizado".

Hace muchos años se la escuché decir en el campo de juego a Carlos Babington, en ese tiempo técnico de la reserva de Huracán, ante Estudiantes y más acá en el tiempo, en la primera fecha de la Copa de la Liga Profesional un jugador de River le gritó "Kiricocho" a Mauro Díaz cuando iba a definir ante Franco Armani, pero no le salió bien y fue gol, Claro no tuvo en cuenta que en ese lugar había nacido la leyenda.

MONCHI, UN BILARDISTA SUELTO EN SEVILLA

Ramón Rodríguez Verdejo, más conocido como Monchi, es el actual Director Deportivo del Sevilla y de los hombres más valorados en su función en toda Europa. Un hombre amable, exarquero del club de toda su vida y que hasta en su cuenta oficial de Twitter se define como "sevillista, bilardista", entre otras particularidades.

Conoció al Doctor en los inicios de la década de los noventa y ahí comenzó una gran historia con Carlos, Diego Maradona, el Cholo Simeone y una fuerte vinculación con la Argentina. Tuvimos una charla llena de matices, que resultó atractiva e imperdible:

"Bilardo en Sevilla fue capaz de liderar un proyecto muy difícil. El club no estaba bien y puso todos sus conocimientos para sacarlo adelante. Dejó un sello de trabajo, rigor, honestidad, que hoy perdura. Desde lo profesional y desde lo humano fue el que más me marcó, fue del que más aprendí: Soy un bilardista confeso, porque tuve la fortuna de ser un jugador suyo, soy un admirador de su filosofía, lo considero mi maestro. El ser ganador hay que transmitirlo. Por él, para mí todo es ganar, ganar, ganar, no hay nada más bonito que ganar".

Monchi, un hombre tremendamente carismático, no tiene un doble mensaje a la hora de hablar de su maestro: "Había una derrota y se paraba el mundo. Hoy para mí es igual. Pierde el Sevilla y en mi casa saben que no me tienen que hablar hasta que no doy una señal de que estoy mejor. Para Bilardo todo tenía un porqué, él trabajaba y marcaba absolutamente todo, inculcó que los pequeños detalles llevaban al éxito. Roza los extremos. Aprendí de su filosofía, el ser competitivo siempre, en no dar ventajas, porque el fútbol es ganar".

El que habla es Monchi, aunque parezca Bilardo: "Paraba un entrenamiento las veces que fuera necesario, estaba atento a todo. Quería a todos concentrados. Si no era él, me llamaba a cualquier hora Miguel Ángel Lemme y nos hacía ver un video de 5 minutos. Todo el tiempo así. En Sevilla se le recuerda con mucho cariño y se le respeta, y se entendió porque él lo inculcó, que el esfuerzo es innegociable".

Este sevillano habló de los Diego, de Simeone y de Maradona, con los que compartió plantel: "El Cholo era joven, pero ya mostraba su nivel competitivo, creo que son muy parecidos, siempre cien por cien. Por eso hoy como entrenador tiene el éxito que tiene. Con Maradona fueron momentos muy especiales. Diego venía de no jugar por su suspensión, tuvimos que viajar mucho para bancar el costo de su llegada. El primer día, Bilardo nos explicó: 'Acá hay dos grupos. En uno estamos todos y en el otro Diego', para marcar que era el único que iba a tener algunos privilegios. Era nuestro ídolo, fue muy placentero compartir un plantel y un equipo, pero él ayudó, la hizo fácil (...). El momento de aquel famoso partido donde Bilardo lo sacó no fue fácil para nadie. Bilardo lo sufrió y Diego lo reconoció. Era el final de la temporada y no hubo mucho más después".

En la casi hora de charla con Monchi también hubo tiempo para anécdotas y situaciones que aún hoy perduran en Sevilla y en el mundo del fútbol: "La historia del grito de Kiricocho es muy simpática. Se decía en situaciones particulares. Intuíamos que podía ser, le preguntamos las razones y a partir de ahí resultó algo normal. Yo lo sigo usando y da buenos resultados".

Moncho también contó que "con el famoso y recordado 'písalo, písalo' la hinchada tiene un cántico que suena en nuestra casa cuando el rival finge una lesión. Ahí todos empiezan a entonar el písalo, písalo (...). En ese momento fue sacado de contexto por parte de la prensa, lo desvirtuaron. Era un año donde en España también estaba instalado lo del bilardismo y el menottismo, y fue utilizado de manera maliciosa por los que no querían a Carlos".

En el final de la charla Monchi contó otra de las locuras del Doctor: "Cuando estábamos concentrados él recorría las habitaciones de todos los jugadores. Venía en pijama y zapatillas, le pregunté porque no se ponía más cómodo y me respondió que jamás andaba en chinelas o pantuflas porque, si se llegaba a incendiar el hotel, él estaba preparado para salir más rápido. Bilardo nos enseñó hasta el festejo de los goles. Por ejemplo, Bango no podía sumarse a los festejos, siempre se quedaba en el campo rival para impedir que el rival pudiera sacar, cuando estaban todos acomodados tenía que dar el paso atrás (...). Fue una temporada muy compleja y cumplimos el objetivo, gracias al trabajo de un hombre que fue importantísimo para nosotros. Soy un obsesionado y aplico su filosofía en mi trabajo y en la vida. En su último día, todos los jugadores y la hinchada le decían: 'Bilardo quédate'. Eso significa algo".

SIMEONE, EL MÁS BILARDISTA

Nelson Vivas, su mano derecha en el Estudiantes del 2006 y hoy nuevamente con el Cholo en el Atlético Madrid, campeón de LaLiga, aseguró que: "Se nota que Carlos lo ha marcado en un montón de cosas. Tiene muchas cosas de Bilardo. A veces tiene hasta expresiones iguales. Viene la defensa, de un centro lateral, ponele y el volante opuesto tiene que cerrar al punto de penal. Y lo he escuchado decir: 'Que nos hagan el gol, pero salí en la foto'. Y yo, que tuve a Carlos en Boca, eso era muy de Carlos".

En sus primeros meses como técnico de Estudiantes, Simeone dialogó mucho con los periodistas del día a día en City Bell. Una o dos veces a la semana y más allá de las conferencias de prensa, se sentaba con nosotros en una mesa que estaba cerca a la concentración y se armaban charlas muy futboleras, táctica, trabajo y obviamente sus experiencias con Bilardo.

Diego recordaba: "Yo tuve muchísima suerte porque a Carlos lo tuve en la etapa donde me terminé de formar como jugador, entre los 18 y los 23 años, en la selección y después en Sevilla. A mí me dejó marcado, me llenó de información, de enseñanzas. En lo futbolístico, a que no tenía que atarme a una posición y hoy lo aplico, y le pido a mis jugadores que sin perder su esencia tienen que adaptarse a lo que necesita un equipo".

Sigo desempolvando frases de aquellos días y el Cholo comentaba: "Ni hablar de lo que nos inculcó la pasión por este juego, siempre digo que para mí fue un padre futbolístico y lo que más destaco de ese aprendizaje es que nos enseñó a ser competitivos, a luchar por ganar, porque ganar es lo más lindo y hay que pensar eso todo el tiempo, en cada entrenamiento, no solo en el partido (...). No me molesta, todo lo contrario, que me comparen con él. Es un orgullo".

EL ELOGIO DE SU MAESTRO

Alguna vez Osvaldo Juan Zubeldía hizo una reflexión, que tal vez en la historia representó una de las mejores definiciones que se pudieron hacer de su discípulo: "Bilardo es un caso excepcional como hombre y como jugador. Bilardo no puede faltar nunca para que Estudiantes rinda todo lo que puede...".

CAPÍTULO 8

REPORTAJE HISTÓRICO: BILARDO VS EL ARCHIVO

Si algo caracterizó a Bilardo a lo largo de su vida fue un archivo, su obsesión por guardar absolutamente todo, un tema que contagió a muchos de los que tuvimos la fortuna de vivir de cerca parte de su carrera. En un extenso reportaje en 1989 en el diario *La Razón* declaró: "Yo sigo igual. Vayan al archivo y busquen mi sobre, siempre dije lo mismo. La que cambió fue la gente. A través de los hechos, comprobó que era cierto lo que veníamos diciendo y entendió todo. Ya no la pueden engrupir más".

Y a partir de ese archivo que uno guarda puedo asegurar que Carlos resiste un archivo, su propio archivo, y el mejor ejemplo de esto es el repaso que podemos hacer de sus respuestas a lo largo de cientos y cientos de notas de su carrera. Por eso este reportaje inédito a Bilardo es con su propio archivo.

Fuiste futbolista y sabés como piensa, pero también estuviste del otro lado y los trataste. ¿Cómo definís a un jugador de fútbol?

El jugador de fútbol es un tipo anormal, se lo morfa la ansiedad, vive pensando en el domingo. Después de cada partido, si juega de noche, no se puede dormir hasta las 3 o 4 de la mañana por la tensión. Rebaja 3 kilos o

más. Si va a la casa y perdió no le habla a la mujer ni a los hijos. Y no te cuento lo que viene después, el día que larga. Mientras es jugador en todos lados le hacen favores, el día después no le dan ni la hora. A eso yo lo llamo el sacudón y trato de prepararlos, la fama es puro cuento.

¿Es para tanto?

El mejor ejemplo somos nosotros con Estudiantes. En el 68 volvimos campeones del mundo y fuimos a la Rosada, en el 69, después del partido con el Milan, nos metieron presos, y en el 70 otra vez a la Rosada. ¿Qué querés que te diga?

Entonces, ¿en un plantel es clave tener un psicólogo?

Los jugadores son los mejores psicólogos que existen en el fútbol. Se dan cuenta enseguida de cuando un técnico miente, de si es capaz o no, si lo manejan los dirigentes o si sabe imponer su autoridad. Por eso una sola mentira determinará que le pierdan la confianza para siempre.

¿Qué esperás del futuro?

Como DT nada, un técnico no tiene futuro. Hoy ganás y sos bestial. Mañana perdés y sos una bestia. Me lo dijo un periodista colombiano y tenía razón.

¿En el fútbol hay espejos?

Alemania es el espejo donde mirarse. Basta de especialistas. Volantes que corran, marquen y jueguen. Para ganar hace falta buen fútbol y grandes jugadores. Y orden, disciplina, organización.

¿Vos tenés una etiqueta?

Sí, ya se. Hace años dije que para mí lo más importante es el resultado y lo sigo pensando porque el tiempo me da la razón. Pero cuantos problemas me trajo. La gente entiende, algunos, que yo quiero decir "Ganar de cualquier manera" y no es así. Quiero ganar y para ganar tengo que ser el mejor.

Pero, si lo que sirve es ganar, ¿no importa el cómo?

No, no. Yo nunca dije eso. Yo dije: "Lo único que sirve es ganar", y alguien de la contra, puso "coma, como sea". Antes de agarrar la selección, en Estudiantes nos pasábamos horas con Ponce tirando tiros libre y córneres. Hasta que saliera con la comba perfecta y cayera en el lugar justo. Un día vamos a Córdoba, centro de Ponce, gol de Gottardi. A la mañana salgo del hotel, compro el diario y decía: "Con un oportuno cabezazo ganó Estudiantes". ¿Cómo oportuno? Estuvo trabajado.

Igual hoy, muchos técnicos jóvenes hablan como vos. Simeone y Mauricio Pochettino dijeron hace poco: "Bilardo tenía razón. Solo sirve ganar". ¿El mundo se convirtió en bilardista?

Yo no empecé. El que empezó fue Zubeldía. A entrenar, a concentrar, a practicar jugadas de pelota parada, a observar rivales. Y ojo que yo no pensaba así hasta que

lo conocí. Osvaldo me dijo: "Esto es lo correcto". Tampoco es que él haya inventado todo. La ley del *offside* la sacó de un equipo checo. Algunos me decían que qué aburrido es pasarse horas practicando pelota parada. Pero cada córner era un cheque al portador. Un tipo pateaba al primer palo, otro la peinaba, gol y me compraba un departamento.

¿No exagerás?

No. A todos les importa el resultado. Todos y en todos los órdenes miran lo que hace el otro. Hacés un programa de radio y de tele, no tiene *rating* y lo levantan. Existe el minuto a minuto, porque están viendo qué hace la competencia. En las redacciones miran los diarios de la contra para ver que se publicó. Eso es analizar rivales.

¿Hay una receta?

Soy un apasionado de la organización, del orden y la disciplina. Con eso no se ganan los partidos. Los partidos los ganan los buenos jugadores, pero todo lo demás ayuda. Y en un medio competitivo como este incurrir en desorganización, desorden o indisciplina es darle ventajas al rival y eso es lo que no quiero de mis jugadores.

¿Crees en la táctica?

A muerte, pero quienes la aplican son los jugadores. Yo no puedo ganar un partido marcándoles en un papelito como tienen que jugar. Los puedo ordenar con una indicación o después con un grito, pero ahí termina mi colaboración. Todo lo demás lo hacen ellos, lo que no quiero son distracciones. Cada uno de mis jugadores sale a la cancha sabiendo lo que les conviene, pero después ellos resuelven. Lo que no quiero son vagos, jugadores parados que vean pasar la pelota o un rival y no corran.

¿La clave está en el mediocampo?

Yo creo que ya pasó el tiempo de los especialistas. Por ejemplo, el cinco plantado delante de la línea de cuatro o el diez como manija del equipo. Eso se acabó hace mil años. Hoy los volantes tienen que saber marcar y atacar. Me gusta que suban y bajen. Jamás busqué volantes que pasen al ataque, siempre les pedí que piquen al ataque, que es una cosa distinta. Los alemanes son mi ejemplo, es el fútbol que me gusta. Todos saben todo.

¿Cómo elegís a un jugador?

Selecciono los nombres y me ocupo de conocerlos. Jamás recomendé la compra de un jugador sin que antes estuviera prevenido y convencido de las obligaciones y de la necesidad de cumplirlas para beneficio de todo el grupo.

¿Qué debe tener un jugador de selección?

El jugador de selección debe destacarse siempre. En cualquier cuestión, tiene que ser responsable, no debe llegar tarde a un entrenamiento, tiene que reponerse a las depresiones, tiene que ser alguien que se vuelva loco por jugar para su país. Otro aspecto, si acá es un fenómeno, pero va afuera, salta a cabecear, pierde la pelota y se cae a tres metros, entonces no sirve. Esas ventajas son un suicidio.

¿Las mujeres te odiaron?

La mujer es fundamental en la carrera de un futbolista. Ellas tienen que compartir o sobrellevar los sacrificios que la profesión impone. Una vez una se quejó y me dijo: "Yo me casé con un hombre, no con un futbolista". Está bien, le respondí, y a fin de año le di el pase libre. Otra vez un jugador me pidió permiso para no concentrar porque era el aniversario de casamiento. Le recomendé que lo hiciera el viernes, pero la mujer tenía preparado todo para el sábado. Lo dejé, ir pero no jugó. Después le expliqué a su esposa el perjuicio que le había causado y que tenían cuarenta aniversarios para festejar. El rol de las mujeres es fundamental, tienen que cuidar el hígado de sus esposos y el hígado es el pulmón de un futbolista.

¿Hablame de la cancha?

Para mí la cancha es un lugar de trabajo y cuando un futbolista entra en ella es para trabajar. En un entrenamiento jamás van a ver un jugador mío sentado en el césped o sobre la pelota y menos todavía acostado. Si está ahí adentro es para hacer algo, no para descansar.

¿Y eso lo llevás a los partidos?

Siempre debe ser así porque cuando se juega en equipo una distracción, la menor, te puede costar un gol. Los partidos duran noventa minutos y cada pelota se tiene que jugar, que disputar, jugar como si fuera la última. No puede haber intermitencias. La lamparita tiene que estar encendida desde el principio hasta el final.

En el fútbol actual se corre mucho, se juega muy rápido. ¿Qué marca el desequilibrio? ¿Lo físico, lo táctico o lo técnico?

Los tres valores están bastante equilibrados y ahí el desequilibrio lo produce la técnica, como siempre. Con la vigencia de las comunicaciones el plano táctico se iguala muy pronto. Nadie sorprende a nadie. Y será cada vez más dinámico, con mayor ritmo. Se buscará y se necesitará que todos los jugadores se desplacen con eficiencia en cualquier sector. Se les requerirá, obviamente, mayor riqueza técnica.

¿Tus equipos salen con la orden de atacar o esperar?

La de atacar. Siempre juego al ataque. Quiero hacerlo con cinco hombres como mínimo, si es posible, con seis. Y no me importa el número que tengan en sus espaldas. Cualquier jugador del equipo puede irse cuando vislumbra la posibilidad de llegar y debe hacerlo sin preocuparse de lo que deja atrás porque para eso trabajamos táctica y movimientos, para que alguien ocupe su lugar. Esa es la responsabilidad del equipo.

¿El resultadismo no te condenó?

Yo hablo de resultados y muchos me critican pensando que mi preocupación debería ser la de que el equipo juegue bien. Creen que es un fin cuando, en realidad, para mí es el medio que me da respaldo, tiempo para ir consiguiendo lo que quiero. Después todo es más fácil.

¿Un esquema ata al jugador?

El buen jugador puede jugar dentro de cualquier sistema. Lo que pasa es que hay que acostumbrarlo. Además, si es bueno, va a encontrar mil variantes para enriquecer el libreto que le den.

¿Pero no lo limita?

El *crack* tiene que saber hacer de todo: jugar, marcar, correr, saltar, cabecear, tiene que entender de táctica y poner voluntad. Siempre pongo los ejemplos de Houssay y Leloir, tipos de una inteligencia privilegiada, pero también de una voluntad inclaudicable. Por eso, además de buenos profesionales, llegaron a ser Premio Nobel.

¿Qué pensás del periodismo?

El periodismo tiene el derecho de decir lo que quiera. Yo agacho la cabeza y sigo. Generalmente leo y escucho todo. Lo único que tengo de bueno es que no cambié de opinión por leer o escuchar. Eso lo aprendí de un gran profesor que tuve en medicina, el doctor De Soldati. Había un enfermo y una comisión de diez alumnos. Me dice: 'Bilardo auscúltelo'. Yo no escuchaba nada, solo los latidos del corazón. Me responde: 'Me parece que hay un soplo sistólico, escuche otra vez'. Escuché otra vez y nada. El profesor insistió. Vuelvo a escuchar y le digo: 'Ah sí, acá está'. Me contesta: 'No, no hay nada. Nunca se deje llevar por lo que dicen los demás'. Escucho, observo, pero muero con la mía.

¿A un jugador se le puede mejorar?

Sí. Siempre luché por demostrar que al tipo capaz hay que exprimirlo más. Generalmente, y esto vale para todo el mundo, los que tienen habilidad o son inteligentes son los que menos trabajan, con lo que saben, les basta. Y no es así, si sos bueno y te perfeccionás, si sos disciplinado y aprendés cada vez más cosas, vas a ser mejor. Es un problema de educación, en Japón y Alemania se dedican a estudiar el desarrollo de la inteligencia. Acá no, la mentalidad es: "Qué me importa, si así me alcanza, para qué voy a ser mejor". El país se fue abandonando.

¿El problema es más estructural?

Creo que el país está perdido, por culpa de la vagancia y la desidia total que hay. De ahí viene la decadencia. Yo ya lo veía cuando tenía 16 años en la fábrica de papá. ¿Cómo puede ser, decía yo, que la gente de 60 años llegue temprano y los aprendices de 20 o 25 vengan siempre tarde y falten todos los lunes? Somos tan estúpidos que a los que menos les exigimos es a los más inteligentes.

¿No te entienden o no te creen?

La polémica entre los que prefieren los jugadores de talento o los que trabajan siempre me pareció estéril. ¿Por qué no los juntamos? Por qué no decimos inspiración y trabajo. El trabajo no me sirve de nada si primero no tengo buenos jugadores. Me cansé de repetirlo: primero está el jugador, el hombre. Después que tengo al buen jugador a mí me gusta que se supere, que se perfeccione. Esa es mi obligación. Todo lo que le pido al jugador es en su beneficio. No sé por qué la gente parece tan reacia a que se trabaje a un jugador para mejorarlo. Yo busco la perfección.

¿El fútbol no te desgastó?

¿Y usted cree que yo no sabía que iba a ser así? Siempre existirá la lucha cuando uno no se casa con nadie, cuando no trabaja para los amigos o para ganarse la crítica fácil. Yo lo acepté para hacer lo que tenía decidido.

¿El trabajo de la semana es un cuento o una realidad?

Quienes creen que el trabajo es un verso les contesto que Estudiantes ganó un campeonato con un gol de cabeza de Brown a la salida de un córner que había sido ensayado durante las prácticas semanales. La improvisación debe ponerla el jugador, pero para que rinda mejor debe adosar la parte táctica para cuando las cosas se complican.

¿Es difícil orientar a un jugador de 20 años?

Es la edad crítica, uno debe hacerlo entender que esto es distinto a cualquier otra profesión. Un abogado, un médico, un arquitecto comienzan a tener un peso en el bolsillo a los 36 años, el futbolista tiene dinero a los 21. Si a esa edad no quiere entrenar, concentrar y le gusta salir en forma desmedida nunca llegará a triunfar.

¿Sentís que traicionaste "la nuestra", ese estilo tradicional del fútbol argentino?

Para muchos ese estilo se reduce a jugar con punteros bien abiertos. Hace años que digo lo mismo, se puede jugar de muchas maneras. El asunto es llegar a un mundial con los jugadores motivados, eso supera muchos defectos. Cuando le ganamos a Alemania ningún periodista vino a preguntarme si habíamos jugado con punteros. ¿Dónde estaba ese día la defensa de estilo tradicional que tantos defienden? Cuando ganas a nadie se le ocurre llamarte traidor. Sos Gardel y punto.

¿Diego?

Maradona es mi mayor orgullo como técnico, mi éxito más grande. Cuando dije que iba a ser el capitán y que era el único que tenía el puesto asegurado me querían llevar preso. Yo contestaba que sería la figura del Mundial. La pregunta era de otra manera. Por qué Maradona no anduvo en España y por qué la rompió en México.

¿Bilardo y la selección fueron Maradona-dependiente?

Mi intención siempre fue que la selección dependiera un veinte por ciento de Diego. Si cuando él juega rinde diez puntos, que baje a ocho y no a dos cuando no le tocó estar. Una pregunta parecida me hicieron cuando le ganamos a Alemania en el 84 sin Diego y Beckenbauer no me dejó contestar, se anticipó y dijo: "Si Bilardo no quiere a Maradona que me lo preste a mí". Si lo tengo, qué quieren que haga. Tengo que ponerlo. Nosotros tuvimos jugadores sensacionales, pero Maradona es el más importante de todos.

¿Cómo imaginás al jugador del futuro?

Primero tiene que saber jugar, el jugador nace, después se mejora, con trabajo se puede hacer al superjugador, el que juega en toda la cancha, el que sabe defender y sabe atacar.

Bilardo es defensivo si juega con líbero y *stopper*. ¿Es así?

Le demuestro a cualquiera que es mucho más ofensivo que el sistema en zona. Da seguridad en los relevos y

siempre tengo nueve jugadores en condiciones de atacar contra cuatro que permite jugar en zona. El sistema en zona te hace perder dos hombres si el 9 contrario se tira atrás, el volante defensivo no llega nunca al área contraria porque es el encargado de los relevos y tampoco llega, o muy poco, el volante de enlace, el ocho. Quedan el volante ofensivo y los tres de arriba. Se ataca con cuatro. Con líbero y *stopper* solo pierdo al líbero y al arquero, puedo atacar con nueve.

¿Y qué características deben tener?

El líbero debe ser un fenómeno (Brown, Stielicke, Krol), no puede fallar. Tiene que cubrir al *stopper* y a los laterales. Por lo tanto debe dominar los dos perfiles, y tiene que saber con la pelota para poder ganarla en el mediocampo o cuando se va en posición ofensiva. El *stopper* tiene que saber marcar y jugar, si solo sabe marcar no me sirve.

¿Y los laterales?

Le pido que se vayan al ataque por el medio, por el lateral, por donde quieran y que no se preocupen por su regreso. Si el equipo es equipo alguien los habrá relevado. Pero tienen que saber jugar, porque no sirve para nada que se vayan por costumbre para tirar centros por tirar.

¿Te obsesionan los rivales?

Cuando los jugadores de mi equipo se adecuan a lo que quiero, llega el momento de pensar en el adversario. Y después sí cambiar si lo que preveíamos no es lo más correcto para el desarrollo del juego. Yo los reúno todos los días, pero hablando de táctica no se ganan los partidos. Eso lo saben mis jugadores, a equipos iguales en táctica y preparación física gana el mejor. Por eso me preocupa que los míos sean los mejores en cualquier lugar de la cancha.

¿No es fácil conseguir eso, se necesita trabajo y tiempo?

Una vez leí que Cruyff decía que el fútbol de Holanda se basó en el convencimiento de los jugadores de que había que llenar el campo totalmente, que siempre tenían que ser tres contra uno en defensa y en ataque, y que esa organización les llevó tres años conseguirla.

¿Cómo debe ser un director técnico?

Un buen técnico son un montón de cosas juntas. En primer término, tiene que ser un buen administrador. Si yo fuese dirigente analizaría su trayectoria, qué jugadores compró, qué jugadores transfirió. Tiene que saber vender y comprar. No se puede equivocar porque si no se funde un club. Un buen técnico es el que sabe imponer sus conocimientos, el que mantiene una coherencia en su actividad y durante toda su vida mantiene una idea. Es aquel que trabaja y estudia permanentemente, el que sabe transmitir todo eso a sus jugadores.

¿Sentís que ganaste?

Claro que gané, pero aún después de México hubo que seguir peleando. El juego de la selección fue reconocido en todo el mundo, menos por una parte de la prensa que hizo creer lo contrario. Hablan de juego vistoso y se

olvidan de que fue el equipo que más goles hizo, al que menos goles le marcaron, un equipo que llegó siempre.

¿Existe el bilardismo?

No, no. Siempre les dije que a mí ni me nombren, porque los van a salir a matar. A mi hija en el colegio la llamaban por el nombre para que no se avivaran que era Bilardo y la pasara mal.

¿Por qué la mayoría de tus equipos dejaron de jugar con la ley del *offside*?

Dejé de usarla como sistema en el 73 porque todos los equipos habían aprendido a contrarrestarla. *El offside* desapareció cuando la televisión empezó a transmitir fútbol vía satélite. Todos sabían cómo anularnos. Antes el *offside* era bueno porque los delanteros llegaban caminando. Hoy ese famoso achique de espacios no se puede hacer más, porque pican los mediocampistas, pican los laterales, pican todos. Los que juegan actualmente al *offside* se comen cuatro o cinco goles por partido.

¿Hay que quejarse de los planteos rivales?

No. Si un equipo juega defensivamente hay que tener cabeceadores, hay que patear de media y larga distancia, hay que poseer habilidad para desnivelar, hay que tirar paredes. En síntesis, hay que saber todo, tener ingenio para romper el cerco. Así cada día el fútbol será más lindo porque el jugador se verá obligado a ser más técnico. A la gente le hacen creer que nosotros limitamos al jugador y no es así, el futbolista nuestro tiene que ser un fenómeno, deben marcar en los dos perfiles, deben mostrarse, pasar al ataque, defender.

¿Cuál es el fútbol que te gusta?

Debo ser uno de los tipos que más defiende el fútbol de potrero. Es muy simple, en el potrero, el pibe que juega atrás después le pide cambiar el puesto al que lo hace adelante, el que juega por los costados se pone de acuerdo con el del medio y rotan. A veces hasta el arquero sale cuando le meten un gol. Y bueno, ahí está, ese es el fútbol que yo quiero.

¿Qué es el fútbol para Bilardo?

En un reportaje que me hicieron en *La Gaceta* de La Plata dije que el fútbol era mi vida, que era más importante que mi familia. Yo sé que está mal, pero también sé que es verdad. Gloria (su esposa) me pidió explicaciones, hablamos y entendió. Si soy así, si lo siento así, no voy a cambiar ahora. Además, ella es de fierro. Lo reconozco. La tuve y la tengo siempre a mi lado, se adapta a cualquier circunstancia, no me iba a fallar.

Entonces, ¿el fútbol es?

El fútbol es mi vida.

Ahora, ¿te quitó muchas cosas?

Eso es otro tema, con el fútbol me pongo nervioso, me altero, pero me siento bien. Si sé que un domingo no hay fútbol me vuelvo loco. Y, aunque aconsejo hacer lo con-

trario, llevo los problemas a casa. Hay que ser Mandrake para poder separar.

Pero, ¿peleaste una vida?

Fueron muchos años y fue una cuestión de amor propio. Demostrar que tenés una verdad y que sirve. Pero el fútbol es difícil. Si ganas, tenés razón y si perdés, no.

¿Cómo te definís?

Como un tipo que siempre fue al frente. Por eso tengo las puertas abiertas en todos los lugares donde dirigí. Siempre me la juego, un tipo que odia dormir porque pierde tiempo. Mi mamá quería que yo fuera un ejemplo.

Pará. ¿Por el fútbol a tu familia no le quitaste tiempo?

A la que más perjudiqué fue a Daniela, porque durante los ocho años que estuve en la selección casi no la vi, no fui ni al colegio cuando se recibió. Con ella me quedé detenido en el tiempo, para mí era una nena y ya era una mujer.

¿Además de ser un obsesivo con el fútbol, lo sos con el orden?

Puede ser, pero peor todavía es la ingratitud, porque a mí me gusta la gente normal, la que respeta la amistad, la seriedad, la disciplina y los semáforos. En una palabra, la que no le hace daño a los demás.

¿Y fuiste bueno con vos mismo? ¿No te dañó tu desesperación por el resultado?

No hay nadie en el mundo más resultadista que yo, pero cuando se es profesional no con los chicos, a los chicos hay que enseñarles. Para ser el mejor en el fútbol dejé todo, hasta la lectura: de adolescente solo leía el *Martín Fierro* y *El alma que canta*. Solo me conforma ser el mejor, aunque a veces digo pucha. Y un día en un avión que me llevaba a Japón, escuché una canción de Julio Iglesias que me hizo ruido.

¿Cuál?

"Me olvidé de vivir" y sentí que se me había pasado la vida.

("De tanto correr por la vida sin freno

Me olvidé que la vida se vive un momento

De tanto querer ser en todo el primero

Me olvidé de vivir los detalles pequeños").

CAPÍTULO 9

CARLOS BILARDO, SU VIDA EN NÚMEROS

Carlos Salvador Bilardo nació el 16 de marzo de 1948 en Capital Federal. De profesión médico, futbolista, entrenador y periodista

TRAYECTORIA COMO JUGADOR

SAN LORENZO

Se formó en las divisiones juveniles de San Lorenzo. Su debut como profesional fue el 6 de agosto de 1958 en la victoria 2-0 contra Atlanta por la fecha 6 de la Copa Suecia, y convirtió los 2 goles de su equipo.

En Primera División tuvo su primera vez el 16 de noviembre de 1958 en la derrota 1-2 frente a Estudiantes y en la cancha del Pincha, club y ciudad que lo marcaron

para toda su vida. Esa tarde anotó el gol de la igualdad transitoria.

En 1959, San Lorenzo se consagró campeón, pero Bilardo no tuvo minutos en ese campeonato (eran los tiempos donde no había suplentes). Fue parte en la primera edición de la Copa Libertadores en 1960. Jugó 4 partidos: ante Bahía (3 a 0 por los cuartos de final) y en las tres semifinales contra Peñarol (dos igualdades y una derrota)

DEPORTIVO ESPAÑOL

A los 26 años, Deportivo Español se convirtió en su segunda camiseta. Jugó entre 1961 y 1965 un total de 111 partidos y anotó 39 goles en la Segunda División durante cinco temporadas. Su paso por el Gallego le sirvió de trampolín para llegar a Estudiantes.

Aparecieron ofertas de Estudiantes y de Argentinos para seguir su carrera, se inclinó por el Pincha: "Pensaba jugar un año y con esa plata poner el consultorio en el barrio. Los dos clubes iban últimos en la tabla. Entonces pensé: 'Si juego en Argentinos y se va al descenso se me va toda la clientela; y me fui a La Plata", explicó en varias oportunidades.

Bilardo se recibió de médico en la Facultad de Medicina de la Universidad de Buenos Aires. Uno de sus profesores fue Bernardo Houssay, Premio Nobel de Medicina en 1947.

ESTUDIANTES DE LA PLATA

Por pedido de Osvaldo Zubeldía, llegó al club en 1965, debutó el 18 de abril en la caída 0-2 ante Rosario Central por el campeonato de Primera División en La Plata.

Disputó 175 partidos y marcó 11 goles con la camiseta pincharrata. Su primer gol fue el 3 de octubre de 1965 por la fecha 21 del campeonato, en la derrota 1-2 con Boca en La Bombonera.

Se consagró campeón Metropolitano de 1967, ganó la Copa Libertadores en 1968, 1969 y 1970, la Copa Intercontinental de 1968 y la Copa Interamericana en 1969.

Su último partido como jugador profesional fue el 16 de diciembre de 1970, empate 1-1 ante Vélez por la fecha 20 del torneo Nacional en cancha de Atlanta.

SELECCIÓN

En 1959 participó en los Juegos Panamericanos de Estados Unidos, logrando la medalla de oro. Disputó 4 partidos y anotó un gol (el 16 de diciembre de 1959 en la victoria 5-1 vs Chile). Disputó los Juegos Olímpicos de Roma 1960, jugó 2 partidos y marcó un gol (en su debut, derrota 2-3 de Argentina ante Dinamarca)

TRAYECTORIA COMO ENTRENADOR

ESTUDIANTES

El 22 de agosto de 1971 dirigió su primer partido pese a no tener todavía el título de entrenador. El doctor reemplazó a Miguel Ignomiriello (había dejado el cargo luego de la eliminación en la Copa Libertadores y tras no obtener buenos resultados en el Torneo Metropolitano).

Por la fecha 29 del campeonato Metropolitano el Pincha empató sin goles ante Independiente.

Producto de los buenos resultados en las últimas 13 fechas de la competencia (6 victorias, 5 empates y solo 2 derrotas en 13 partidos), el equipo logró mantener la categoría.

En total en sus cuatro etapas en el club (1971, 1973-1976, 1982-1983 y 2003-2004). Dirigió 305 partidos, ganó 137, empató 97 y perdió 71. El equipo tuvo 442 goles a favor y 322 en contra. Alcanzó una efectividad del 60,82 por ciento

En 1975 fue subcampeón Nacional y clasificó a la Libertadores tras vencer a Huracán en un partido desempate. Ganó como técnico el Metropolitano (Torneo Soberanía) de 1982 (36 partidos, 21 victorias, 12 empates y 3 derrotas, con 50 goles a favor y solo 18 en contra, efectividad 75 por ciento).

En el 2003 regresó para cerrar su carrera de entrenador, lo llamaron para salvarlo del descenso y cumplió el objetivo. Dirigió su último partido el 26 de junio de 2004, por la fecha 19 del torneo Clausura en Rosario, Newell's y Estudiantes empataron sin goles.

DEPORTIVO CALI

Se radicó en Cali, Colombia en su primera experiencia internacional. En total fueron 138 partidos entre 1977 y 1978 (fueron 116 por liga de Colombia y 22 por Libertadores). Consiguió 61 victorias, 43 empates y 34 derrotas, efectividad 54,5 %. Anotó 219 goles a favor y recibió 154 en contra.

Consiguió por primera vez conducir a un equipo colombiano a una final de Copa Libertadores (perdió la final ante Boca Juniors) y logró el subcampeonato colombiano en 1977 y 1978.

SAN LORENZO

Volvió a la Argentina para entrenar al equipo que lo vio nacer como futbolista. Durante los torneos Metropolitano y Nacional de 1979 dirigió 32 partidos. Logró 10 victorias, 13 empates y 9 derrotas. Efectividad del 51 por ciento.

Su debut fue el 5/3/79 ante Boca Juniors (derrota 0-1) y su último partido fue 0-0 contra Boca el 2/12/1979 (el último partido del Gasómetro).

SELECCIÓN DE COLOMBIA

Solo estuvo 10 partidos entre 1980 y 1981 (6 amistosos y 4 oficiales).

Consiguió 1 victoria (2-0 vs Paraguay en un amistoso en Asunción), 4 empates y 5 derrotas. Convirtió 10 goles y recibió 16. La eficacia fue baja, apenas el 30 por ciento

Estuvo 431 días en el cargo, debutó el 9 de julio de 1980, derrota 1-4 en un amistoso en Bogotá ante Polonia y el último partido fue el 13 de septiembre de 1981, empate 1-1 ante Uruguay en Bogotá, por la eliminatoria rumbo a España 1982.

SELECCIÓN ARGENTINA

La selección argentina inició la "era Bilardo" empatando en Santiago con Chile 2 a 2 el 12 de mayo de 1983 en un encuentro amistoso (goles de Norberto Alonso y Gareca, además al "Beto" le atajaron un penal).

En aquella noche del debut en Santiago de Chile también comenzaron su rico historial con la celeste y blanca una nueva generación de jugadores como: Oscar Ruggeri, Ricardo Giusti, Julio Olarticoechea, Jorge Burruchaga y Ricardo Gareca.

El equipo del debut en el empate ante Chile el equipo del Narigón formó con Fillol; Carlos Arregui, Ruggeri, Trossero, Olarticoechea; Giusti, Marangoni, Burruchaga, Alonso; Calderón y Gareca.

En la era Bilardo, Argentina disputó 79 partidos, ganó 26, empató 30 y perdió 23. Mantuvo el arco en cero en 28, utilizó 82 jugadores y sufrió 15 expulsiones.

Fue campeón del mundo en 1986 y subcampeón en 1990.

Participó en tres Copa América. Las de 1984,1987 y 1989. En total en la competencia sudamericana jugó 15 partidos (ganó 4, empató 7 y perdió 4), disputó 44 amistosos (ganó 10, igualó 18 y perdió 16). Disputó 6 encuentros por las eliminatorias para México 86 (ganó 4, empató 1 y perdió 1). Fueron 14 encuentros entre los Mundiales de 1986 y 1990 (8 victorias, 4 empates con dos triunfos en la vía de los penales y solo 2 derrotas).

Podrían sumarse 81 partidos, porque hay dos de la Copa Nehru, ante Rumania (sub-21) y con Hungría que son categoría B.

SEVILLA

Su primer partido en el viejo continente fue el 6 de septiembre de 1992 por la primera fecha de la liga 1992-1993. Fue triunfo 4 a 3 como visitante ante Albacete. Tres de los cuatro goles fueron de Davor Suker. Ese día en el equipo de Bilardo jugó como titular e hizo su debut Diego Pablo Simeone.

En total fueron 50 partidos en dos ciclos (1992-1993, y 1997, solo dirigió 4 partidos en su segunda experiencia, fue llamado de urgencia por la directiva para tratar de sacar al equipo de la mala situación, el Sevilla, ya sin Bilardo, terminó descendiendo.

Sus números en el club español: 42 partidos en Primera División y 8 en Copa del Rey, con 23 victorias, 11 empates y 16 derrotas; 65 goles a favor y 56 goles en contra. Tuvo una efectividad del 53,3 %

BOCA

Su retorno a la dirección técnica en la Argentina fue en 1996. Dirigió 42 partidos que abarcaron los torneos Clausura, Apertura y Supercopa. Ganó19, empató 11 y perdió 12. Boca en ese lapso marcó 71 goles y recibió 56. Tuvo una eficacia en el rendimiento del 53 por ciento.

El 20 de enero de 1996 fue el debut y Boca le gana a Racing en un amistoso en Mar del Plata por 1 a 0 (gol de Néstor Fabbri de cabeza) con Diego Maradona.

Su primer partido oficial en el club fue el 8 de marzo de 1996 por la primera fecha del Clausura, en cancha de Vélez, Boca como local, golea a Gimnasia de Jujuy 4-0 con goles de Diego Armando Maradona (de penal), Raúl Peralta, Sergio Martínez y Nelson Vivas.

Le ganó los dos clásicos a River, dos de los partidos más recordados de su paso por el club, el 4-1 con 3 goles de Caniggia por el Clausura y el día del "nucazo" de Hugo Guerra, victoria 3-2 también en la Bombonera en el Apertura.

SELECCIÓN DE LIBIA

Estuvo varios meses en el cargo, pero solo disputó dos encuentros en el año 2000. Los partidos de la primera fase, clasificatorios para la fase de grupos de la Eliminatoria africana rumbo al mundial Corea y Japón 2002.

El 9 de abril de 2000 en el partido de ida en el estadio nacional de Trípoli, Libia 3-0 Mali, goles de Jehad Montasser, Ahmed Masli y Khaled Mhemed. En la revancha fue victoria 3-1 de Mali, el gol de Faisal Bushaala le dio la clasificación a los dirigidos por el Narigón gracias al 4-3 en el global.

AGRADECIMIENTOS

Agradecimientos por el tiempo, el respeto y las charlas compartidas a Raúl Correbo, Hugo Gottardi, Abel Herrera, Miguel Ángel Reguera, Horacio Rodríguez, Patricio Hernández, Julián Camino, Claudio Gugnali, Ricardo Gareca, Julio Olarticoechea, Julio Lozano, Tony Llanos, José Daniel Ponce, Marcelo Trobbiani, Pedro Troglio, Walter Vargas, Enrique Macaya Márquez, Octavio Manera, Ezequiel Manera, Walter Grasso, Nelson Oltolina, Daniel Romeo, Carlos Dibos, Hugo Cabezas Gonella, Juan Ramón Verón, Marcos Angeleri, Monchi, Miguel Ángel Lemme, Francisco Maturana, Ernesto Farías, Mariano Pavone, Pablo Lugüercio, Rubén *Pocho* Mazzina, Bettina Stagñares, Nelson Vivas, Adela (cocinera del Country) y su hijo Leo, Juan Ángel Krupoviesa, Silvio Maverino, Héctor Baldassi, Marcos Gelabert y a las charlas de una vida dedicada al periodismo con Alejandro Sabella, Óscar Malbernat, José Luis Brown, Eduardo Manera, Eduardo *Bocha* Flores, Jorge Burruchaga, Sebastián Verón, Diego Simeone, entre tantos otros, y obviamente al propio Carlos.

BIBLIOGRAFÍA

Archivos de: *El Gráfico, Goles, La Deportiva, Solo Fútbol, Súper Fútbol, Clarín, La Nación, La Razón, Tiempo Argentino, Play Boy, La Semana, El Día, La Gaceta, La Prensa, La Nueva Provincia de Bahía Blanca, La Capital de Mar del Plata, Ámbito Financiero, El Cronista Comercial, Crónica, Olé, Mística.*

Revistas: *Un Caño, Animals, Dinastía Heroica, Estadio,*

Libros: *Doctor y campeón, Yo soy el Diego, La enfermedad del Doctor, Así ganamos (la verdadera lucha por la Copa), ¿Cómo ganamos la Copa del Mundo?* por César Menotti, *Osvaldo Zubeldía* de Nicolás Morente.

Programas: *Eco deportivo* de Radio Universidad Nacional de La Plata, *La revolución del fútbol* de 221 Radio de La Plata, *El Clásico* de Radio Gol, *Fuera de juego* de Cablevisión La Plata, TyC Sports, Fox Sports, Espn, ATC/ Canal 7.

Archivo personal de notas guardadas con César Luis Menotti, Diego Maradona, Sergio Batista, Víctor Hugo Morales, Marcos Conigliaro y tantos otros.

SOBRE EL AUTOR

Osvaldo Fanjul nació el 19 de febrero de 1963. Periodista recibido en la UNLP. Actualmente trabaja en la Agencia Telam, en 221Radio de La Plata, en el portal 0221.com.ar y es docente de la Facultad de Periodismo. Fue corresponsal de TyC Sports durante 15 años. Fue creador y conductor del programa "Fuera de Juego" en la televisión de La Plata con 25 años en pantalla. Fue creador y conductor del programa de radio "Eco Deportivo" en Radio Universidad de La Plata. Trabajó en Radio La Red, diario El Día de La Plata, en La Nación, en Editorial Perfil, Radio Capital de La Plata, entre otros medios.

www.ingramcontent.com/pod-product-compliance
Ingram Content Group UK Ltd.
Pitfield, Milton Keynes, MK11 3LW, UK
UKHW041829200726
13854UKWH00002BA/898

9 789878 370576